솔뫼 전철환 유고집

자본에도 국적이 있다

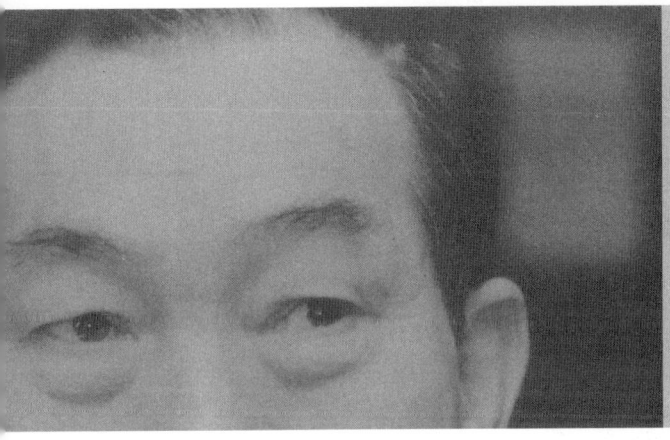

전 철 환

지식산업사

자본에도 국적이 있다

솔뫼 전철환 유고집

초판 1쇄 인쇄 2005. 5. 27.
초판 1쇄 발행 2005. 6. 4.

지은이   전철환
펴낸이   김경희
펴낸곳   (주)지식산업사
주소   서울시 종로구 통의동 35-18
전화   (02)734-1978(대)
팩스   (02)720-7900

인터넷한글문패 지식산업사
인터넷영문문패 www.jisik.co.kr
전자우편 jsp@jisik.co.kr

등록번호 1-363
등록날짜 1969. 5. 8.

책값은 뒤표지에 있습니다.

이 책을 읽고 문의하고자 하는 이는 지식산업사 전자우편으로 연락 바랍니다.

▲ 솔뫼 전철환 유영

▲ 1993년 다산경제학상 수상 연설 모습

▲ IMF 차관 서명 현장 에서

▲ 1999년. G20 재무장관 · 중앙은행총재 회의
세계 중앙은행 총재들과 함께

▲ 한국은행 총재 퇴임직후 인터뷰 모습 ⓒ 2002 황진수

▲ 한국은행 총재 퇴임 당시 모습

▲ 1995년 충남대학교 교수시절 연구실에서

전 한국은행 총재
솔뫼 전철환 교수 정년 및 출판기념회

▲ 2002년 정년 퇴임 및 출판기념회에서

▲ 2002년 정년 퇴임 및 출판기념회에서 답사하는 모습

글을 엮으며

박 경(목원대학교 디지털경제학과)

　전철환 교수(전 한국은행 총재 및 공적자금관리위원회 위원장)가 세상을 떠나신 지 벌써 1년이 다 되어가지만 아직도 그 소탈하신 모습이 눈에 선하다. 지금도 답답하거나 상의할 것이 있을 때마다 고인 생각이 문뜩 문뜩 떠오른다. 공부하는 사람은 어떻게 살아야 하는지, 우리 사회가 나아갈 방향이 무엇인지를 가르쳐 주시던 그 모습이 그립다. 운명을 달리하신 뒤 그분의 지혜를 접할 수 없어 안타까울 따름이다.

　이 책은 전철환 교수의 1주기를 기리기 위해 고인이 남긴 글과 고인에 대한 인터뷰 자료, 그리고 별세 뒤 여러 지인들이 쓴 추도문과 언론에 보도된 것들을 모은 것이다. 이 책의 1부와 2부에 실린 글들은 고인이 한국은행 총재직에서 퇴임하신 2002년 3월부터, 돌아가시기 바로 직전인 2004년 6월까지 쓴 것들이다. 이 기간에 전철환 교수는 더 왕성하게 글을 썼다. 『한국경제신문』 '다산칼럼'(2002년 8월~2004년 5월), 『한국일보』 '아침을 열며'(2003년 10월~2004년 4월), 『농민신문』 '전철환 칼럼'(2003년 3월~2004년 4월), 『한국금융신문』 '시론'(2003년 10월~2004년 5월) 등 여러 매체에 정기적으로 글을 실었다. 경제학자였던 만큼 경제에 관한 글들이 많으나, 그 밖에도 정치나 사회상황에 대해서도 조언을 아끼지 않았다. 이 책의 1부, "자본에도 국적이 있다"에서는 이 기간에 고인이 쓴 글 가운데 주로 경제에 관한 글을 모았고, 2부의 "국가 능력배양을 위한 정치개혁"에서는 사회와 정치에 관한 글들을 모았다. 이 글들을 정리하면서 우리는 한은 총재 시절의 경험과 교수 시절의 지식이 녹아들어서 경제사회 문제를 보는 전철환 교수의 성찰과 진단이 한결 완숙해짐을 느낀다.

최근 들어 외국 자본의 국내 기업과 금융시장에 대한 지배를 우려하는 목소리가 높지만, 일찍부터 그 문제점에 주목한 학자는 그다지 많지 않았다. 이 책에 실린 글들을 보면 전철환 교수는 일찍이 외국계 자본의 지배를 걱정하고 있었음을 알 수 있다. 마지막으로 쓴 유작, 「경제운용 자유도와 경영권」(2004년 5월 24일, 『한국경제신문』 '다산칼럼', 이 책의 1부에 실림)에서도 경제정책의 자유도와 우리 기업의 경영권 방어를 위해서 금융산업은 물론이고 기업의 외국금융자본 지분률이 더 높아져선 안된다고 주장하고 있다. 더 오래계셨다면 경제계의 원로로서 정부가 이 문제에 좀더 적극적으로 대처하도록 이바지하셨을 텐데 마냥 아쉬울 따름이다.

전철환 교수는 한은 총재 퇴임 뒤에 학자의 삶으로 돌아간 것을 즐기시지 않았나 생각한다. 퇴임 뒤 좀 여유가 생기자 그새 미루어두었던 많은 해외저널, 논문, 책 등을 꼼꼼히 읽고 노트해 두면서 생각을 정리했음을 이 글들에서 미루어 볼 수 있다. 만약 갑작스럽게 유명을 달리하지 않으셨더라면 우리 사회의 원로로서 더 많은 일을 할 수 있었을 텐데 다시 한 번 안타까운 마음이 든다.

3부와 4부에서는 고인의 소탈한 성품과, IMF 경제위기를 극복하는 과정에서 보여준 고인의 공적을 기억할 수 있도록 인터뷰 자료와 추도문, 신문보도 자료 등을 모았다. 따라서 이 책은 유고집이면서도 추모집의 성격을 아울러 가졌다고 할 수 있다.

이 책을 엮으면서 전철환 교수의 부지런함과 선비 자세를 다시 한 번 느낄 수 있어서, 이 일에 참여한 본인으로서는 무척 기뻤으나, 한편 안타까움도 들었다.

끝으로 이 책을 엮는 데 본인을 포함한 학계 제자들과, 고인의 부인이
신 충남대학교 이경자 교수님, 그리고 아들 전종익 헌법재판소 연구관이
같이 수고하였음을 밝혀 두며, 이 책을 기꺼이 펴내 주신 고인의 지우(知
友) 지식산업사 김경희 사장님께도 감사드린다.

2005년 6월, 제자들을 대표하여

바르고 큰 길을 구도자의 자세로 살아오신 스승
― 전철환 선배님의 유고집에 부쳐 ―

문학모(전 한국은행 금융통화위원)

선배님!

선배님께서 저희들 곁을 떠나신 지도 어느덧 일 년이라는 세월이 흘렀습니다. 선배님께서 저희들 곁을 지켜주실 때에는 미처 깨닫지 못하고 있었습니다만 어느 날 먼 길을 떠나시고 난 뒤에야 그 자리가 얼마나 크고 넓은지를 절실히 느끼고 있습니다. 피사체가 너무 크면 카메라는 무용지물이 되고 마는 것처럼 선배님께서는 한 그루 거목과 같아서 저의 좁은 카메라 앵글로는 선배님의 참모습을 제대로 담아낼 수가 없음을 느낍니다. 그렇다면 선배님의 모습이 왜 이처럼 크게 보이는 것일까요. 그것은 무엇보다도 먼저 선배님께서 학문적으로 정치경제학이론과 한국경제론에 관하여 쌓아 올린 연구업적이 실로 방대할 뿐만 아니라, 정치학, 역사학, 철학과 수학을 비롯한 인문·사회과학 부문에 관한 해박한 지식과, 동서양 고전에 관한 깊고 폭 넓은 이해를 바탕으로, 우리 사회가 여러 가지 어려운 문제점에 부딪힐 때마다 끊임없이 선배님께서 그에 관한 독보적이고도 탁월한 해법을 그때그때 제시해 왔기 때문일 것입니다. 그러나 그보다 더 중요한 사실은 선배님이 저와 같은 범인으로서는 도저히 뒤따르기 어려울 정도로 시종일관 바르고 큰 길을 걸어 왔기 때문이라고 저는 믿고 있습니다. 많은 사람들이 현세적 명리와 영달만을 좇아가는 오늘의 현실 속에서, 선배님께서는 투철한 역사의식과 비판정신을 잃지 않고 학자로서, 교육자로서, 그리고 한국은행 총재 등 공직자로서 지조와 소신을 지키는 선비 같은 자세로 바르고 큰 길에서 벗어나지 않으면서 지성인으로서 치열한 삶을 살아온 때문일 겁니다.

선배님!
저는 지난 2002년에 출판된 '솔뫼 全哲煥 교수 정년기념 저서모음'으로 엮은 세 권의 책을 이번에 다시 한 번 통독하고 나서 선배님의 정신세계 내지는 학문세계가 얼마나 깊고 넓은지, 그리고 선배님께서 우리 사회의 정치적, 경제적 갈등의 원인과 해법을 찾고자 무엇을 고민하였으며, 지성인의 한 사람으로서 어떻게 하는 것이 올바른 사회참여인지를 선배님께서는 몸소 우리 후진들에게 보여 주셨음을 새삼 깨달았습니다.
첫째로 선배님은 우리시대를 보는 투철한 역사의식을 바탕으로 "경제학은 어떻게 하면 나라경제를 바르게 세우고 백성들을 이롭게 할 수 있는가"라는 근원적 물음에 답하려고 일생을 바쳐 학문의 길에 정진해 온 경제학자임을 우리는 잘 알고 있습니다. 그 결실의 하나인 선배님의 기념저서모음집은 현대경제학의 신(新)고전학파적 순수이론 분석틀을 사회학, 인류학, 심리학 등 주변 학문으로까지 넓히고 문화적, 역사적, 제도적 요소까지 접목시키려고 시도한 점, 지금까지 경제분석에서 배제해 왔던 가치판단 문제에도 깊은 관심을 기울인 점 등, 이들 저서는 한국경제 발전과정연구에 관한 기념비적인 업적이요, 백 년 뒤는 물론 세월이 흐를수록 더욱 큰 빛을 띠게 될 명저라고 저는 믿어 의심치 않습니다. 한걸음 더 나아가서 한국경제의 자본축적확대와 압축성장과정에서 나타나고 있는 정치적, 경제적 갈등의 고리를 정치경제학적 발전이론의 시각에서 분석평가하고 선진사회로 도약하려면 정치민주화와 함께 경제민주화가 필수적임을 논증하면서, 자본주의 경제윤리의 확립과 생산양식의 혁신 및 분배구조의 개선을 위한 노력이 절실하다는 점을 강조하신 『경제민주화와 위기의 대응철학』 등 세 권의 저서에서 우리는 선배님의 정치경제철학의 기본을 읽게 됩니다.

특히 선배님께서는 단순한 상아탑 속의 경제학자가 아니었습니다. 탁월한 통찰력과 논리적 현실분석을 바탕으로 우리 경제의 현장을 과감하게 파고 들어가 그 문제점과 해법을 찾는 데에 주저하지 않았으며, 여기에서 이끌어낸 결론은 늘 우리 사회에서 주목을 받아 왔습니다. 또한 경제적 국경의 소멸 등 세계화가 급속히 진행되고 있는 자본주의 세계경제질서의 새로운 틀 속에서, 한국경제의 성장과 순환과정에서 나타나고 있는 여러 위기를 진단하고, 그 구체적 극복 방안을 찾기 위해 고민해 온 선배님의 자세에서, 우리는 구도자와도 같은 학자의 풍모를 발견하게 됩니다.

둘째로 선배님은 누가 무어라 해도 가슴이 따뜻한 휴머니스트요 참 스승이셨습니다. 선배님께서는 늘 가슴에 용암과 같은 뜨거운 열정을 품고 계셨고 그러면서도 사려깊고 건전한 판단력을 잃지 않았으며 여기에 따뜻한 마음까지 지닌 휴머니스트이셨습니다. 『경제학자를 울린 농부의 편지』에서 볼 수 있는 것처럼 사회에서 소외받는 계층에 대한 선배님의 각별한 관심과 학문에 대한 뜨거운 열정은 그동안 세상에 내어 놓은 저서나 논문 또는 신문칼럼 전편에서 언제나 느끼게 되는 신선한 감동이었습니다. 또한 인간에 대한 깊은 애정은 선배님이 교육에 일생을 바치도록 한 원동력이었으며 제자 기르는 일을 저서 남기는 일과 함께 인생의 가장 큰 보람으로 삼게 한 바탕이 되었다고 저는 믿고 있습니다. 자기자신에게는 늘 엄격하면서도 제자들이나 부하 직원들에게는 아낌없이 애정을 쏟았던 선배님의 모습에서 우리는 고매한 참 스승의 모습을 보게 됩니다.

셋째로 사회정의 실현과 민주주의 기본정신을 지키기 위해서는 아무리 어려운 길이라도 정도를 잃지 않았던 선배님의 투철한 사명감과 정열에서 우리는 바르게 행동하는 현대지성의 모습을 만나게 됩니다. 암울했던 군사정권 시절 민주주의를 지키기 위한 신념과 행동으로 심한 고초를 치르기도 했던 선배님은 한 나라 중앙은행 총재로서도 바른길이 아니면 가지를 않고 원칙에 충실하면서도 늘 상대방의 처지를 헤아려 주는 넓은 포용력과 열린 사고까지 아울러 가지셨던 현대 지성인의 바른 모습이었습니다. 과거 한국은행 금융통화운영위원회 위원이셨을 때 경직된 사회 분위기 속에서도 국회에서 한국은행의 독립성 회복 필요성을 당당하게 주장하시던 모습에서 참 지성인의 모습을 보았습니다. 그리고 뒷날 한국은행 총재로 계실 때 외환위기의 극복과정에서 금융시장 안정 및 금융기관 구조조정을 위한 유동성지원과, 탄력적 금리인하를 통한 적정균형금리 수준의 회복을 통화신용정책의 최우선으로 삼되, 한국은행의 발권력을 바탕으로 한 유동성 추가공급이나 금융기관(당시 한국외환은행)에 대한 한국은행의 직접출자가 불가하다는 정책기조를 관철시킴으로써 '한국은행법' 정신에 훼손이 가지 않도록 하려는 확고한 모습에서, 바르고 큰 길을 걷고자 하는 선배님의 소신을 확인할 수 있었습니다. 특히 1998년 금융기관 구조조정을 위한 공적자금 투입 등 재정지출 충당을 위하여 정부가 거액의 국채를 발행하면서 한국은행의 직접인수를 강력하게 요청하였으나, 선배님께서는 정부당국을 끝까지 설득하여 채권시장에서 이를 조달토록 함으로써, 그뒤 우리나라 채권시장형성과 발전에 결정적인 계기를 마련해 주었던 것입니다. 당시 한국은행은 우리나라 금융시장의 개방화에 발맞추어 통화신용정책의 기본틀을 총통화증가율 목표값 범위 안에서 총통화 공급량조절에 의존하는 금융시장 직접조절 방식으로부터, 한국은행 기준금리(Call금리) 조정의 시장자금 수급조절 기능에 의존하는 금융시장 간접조절 방식으로 이행하는 과정에 있었기 때문에, 안정적인 국채시장의 중심금리 형성이 중요한 선행조건이었습니다. 당시 채권시장에서 정부 국고채발행은 바로 이러한 중심금리 형성의 밑바탕을 마련하였다는 점에서 원칙과 정도를 지키고자 하였던 선배님의 정책의지는 우리나라 통화신용정책의 구조를 가격(금리)기능중심의 선진국형으로 이끌어 가는 데에 하나의 큰 이정표를 세웠다고 말할 수 있습니다. 오늘날 한국은행 금융통화위원회가 콜(Call)금리 조정을 통해서 우리나라 금융시장을 조절하는 시스템이 제대로 자리를 잡을 수 있게 된 것은 바로 한국은행법 정신을 지키고자 했던 선배님의 그 같은 정책의지에 힘입은 바 컸던 것입니다.

  선배님!

  선배님의 삶에 큰 좌표가 되었던 민주주의의 이념과 기본 철학에 대한 선배님의 투철한 인식은 기원전 5세기 펠로폰네소스전쟁 뒤 전사자의 장례식에서 당시 아테네의 정치지도자 페리클레스(Perikles)가 남긴 조사를 손수 번역한 명 번역문에서 선명하게 나타나고 있습니다. 선배님과 함께 정년기념 저서모음을 엮으면서 그 안에 실린 페리클레스의 저 유명한 연설문을, 2천5백 년이라는 시간과 공간을 뛰어넘은 불후의 민주주의 선언이요 이상적인 정치의 모습을 그린 장전으로 규정한 선배님의 뜻에 공감하던 일이 엊그제 일처럼 떠오릅니다. 페리클레스의 연설문 번역은, 번역이라기보다는 민주주의 정신의 핵심을 간결한 문장으로 드러낸 하나의 창작이라고 해야 할 만큼 고심하신 흔적이 뚜렷한 명 번역이었습니다. 선배님께서는 이처럼 민주주의 정신에 투철하셨기에 일생을 치열한 참여정신 속에서 바르고 큰 길을 가실 수 있었다고 생각합니다.

  선배님께서는 늘 민주사회에서 노동의 소중함과 사회지도층의 도덕적 책임의식(noblesse oblige)의 중요성을 강조하셨습니다. 그래서 선배님께서는 '勞動神聖'이라고 쓴 김구선생의 휘호를 거실에 걸어놓고 삶의 좌우명으로 삼았습니다. 선배님의 그 엄청난 독서량과 타계하시기 직전까지 집필활동을 계속하셨던 것은 선배님의 호학(好學) 탓이기도 하지만 "일을 하지 않고는 먹지를 말라"는 선현들의 가르침을 몸소 실천하여 우리에게 보여 주신 사례일 것이요, 또한 1990년대 말 외환위기 때는 이러한 위기를 경제학자로서 미리 제대로 지적하지 못한 책임을 통감하시고 「한국지성인의 회한」이라는 글을 통하여 그 부끄러움을 고백하였던 것 또한 사회지도층의 도덕적 책임의식에 늘 깨어 있었기 때문일 것입니다.

그뒤 우리나라 외환사정의 호전으로 외환위기 때의 IMF차입금을 총재로 계시던 2001년 8월에 조기상환하면서 협정문에 서명할 만년필을 국산으로 준비하도록 했던 것은, 외환위기 당시 학자로서의 뼈저린 책임감을 결코 잊지 않고 있었다는 사실을 보여 주는 하나의 일화입니다.

그러한 선배님께서 바로 1년 전 저희들 곁을 떠나셨습니다. 마른하늘에서 벼락이 친다는 말이 바로 그러한 경우를 두고 하는 말이라는 것을 그날 아침 이 후배는 가슴이 저미도록 느꼈습니다. 그토록 건강하시던 선배님의 비보를 듣고 우리 후배들이 느꼈던 그 참담한 심정은 한마디로 망연자실이었습니다. 언제까지나 우리를 감싸 안아 줄 것으로 믿고 있던 거목이 어느 날 아침 갑자기 우리 곁에서 사라졌을 때, 우리가 느끼게 되었던 상실감과 허탈감을 그때 어떻게 표현해야 할지 저로서는 알 수가 없었습니다. 선배님은 피와 땀으로 얼룩진 우리 사회의 격동기를 지나오면서 바르고 큰길을 걸어온 한 그루 거목과 같은 존재로서 우리 후진들에게 무언의 가르침을 주어온 스승과 같은 존재였습니다.

우리 후배들은 선배님께서 선비와 같은 올곧은 모습으로 늘 건강하게 옆에 계시는 것만으로도 큰 힘을 얻을 수 있었고 어려운 일이 닥칠 때마다 이러한 경우 선배님께서는 어떻게 생각하고 어떻게 판단하였을까를 짚어보면서 문제해결 방법을 찾아왔습니다. 우리 사회를 받쳐주던 거목으로서 우리 후진들을 이끌어 주셨는데 그처럼 갑자기 우리 곁을 떠나시고 보니, 훌륭한 스승 한 분을 잃었다는 생각에서 시간이 흐를수록 아쉬움이 더해 갈 뿐입니다.

선배님!

최근 우리나라를 둘러싸고 있는 국제정치적 역학관계를 보면, 강대국 사이 힘의 균형에 상당한 변화가 일어나면서 시간이 지날수록 내면상 그 파고가 높아지는 모습을 보이고 있고, 사안에 따라 강대국 사이의 이해 상충에서 오는 갈등의 골 또한 깊어지는 양상을 띠고 있습니다. 그리하여 사회 한쪽에서는 1백여 년 전 대한제국 말기에 겪어야 했던 역사적

위기상황이 동아시아 지역에서 재현되는 것 아닌가 하는 우려와 불안감을 나타내는 분위기도 없지 않습니다. 또한 경제 면에서도 우리나라 노동력인구 정체와 노령화 가속, 경제 각 부문간 이중구조적 요소의 확대, 환경문제의 확산에 따른 경제활동의 제약, 국제적 자원확보경쟁의 격화, 주변 경제강국들의 눈부신 도약, 국제거대자본 특히 금융자본과 힘겨운 경쟁 등 앞으로 우리 경제의 잠재성장력 개선과 구조선진화에 걸림돌이 될 만한 요소들이 곳곳에 깔려 있습니다. 그럼에도 지난 몇 년 동안 우리 사회는 보수와 진보라는 도식적이고 이분법적 사고 속에서 갈등을 거듭해 왔고, 사회 이익집단 사이의 마찰로 말미암아 앞날의 국가적 기본전략을 수립하기 위한 진지한 토론에는 소홀하지 않았나 하는 느낌을 지울 수 없습니다.

그러나 저는 이러한 갈등을 우리나라가 정치, 경제, 사회, 문화 등 각 부문별 다원화를 통하여 선진민주사회로 발돋움하는 과정에서 필연적으로 겪고 극복해야 할 성장통(成長痛)으로 이해하고 싶습니다. 다만 나라 안팎으로 격동기일수록 근대적 민주시민사회의 결집력과 튼튼한 국력이 받쳐주지 못하는 경우, 나라의 운명은 자기의사와는 관계없이 주변 강대국의 논리에 매몰되고 만다는 사실을 역사의 경험에서 깊이 깨달아야 할 것입니다. 각국 사이 힘의 균형이 아직 유동적인 상황에서 잘못된 선택을 할 때 이에 대한 비용과 대가를 크게 치러야 하며, 역사발전의 주류에서 벗어나 주변으로 밀려날 수밖에 없음을 냉철하게 인식하고 이제는 온 국민이 지혜를 모아 이러한 성장통에서 하루바삐 벗어나서 나라를 튼튼하게 할 수 있는 길을 찾아야 할 때라고 믿고 있습니다.

현대사회에서 진정한 보수와 진보는 역사를 이끌어 가는 두 개의 수레바퀴라고 할 만큼 그 어느 쪽도 버릴 수 없는 것이며, 양자는 모두 자기탈피와 우화(羽化)과정을 거듭하면서 서로 닮아간다는 사실을 되새기면서, 우리는 나라의 앞날을 깊이 생각해 보아야 할 것입니다. 지금 우리는 체제경쟁에서 이미 패배한 사회주의이념의 덫에 갇혀 폐쇄적 사회주의 국가경제체제를 아직도 고수하고 있는 북한을 개방사회로 이끌어내야 할 과제를 안고 있습니다. 그리고 궁극적으로는 정치 면에서 자유주의가 보장되는 의회민주주의와, 경제 면으로는 민주적 시장경제를 바탕으로 개인과 사회 집단의 창조적 활동이 존중되는 하나의 근대 국민국가 건설을 완성해야 할 역사적 사명을 띠고 있습니다. 우리는 이러한 사명을 이뤄내는 일이 얼마나 어려운 과업인가를 잘 알고 있기 때문에 지금이야말로 선배님 같은 분의 혜안과 경륜이 필요한 때라는 사실을 절실히 느끼고 있습니다.

그러나 어찌하겠습니까. 인명은 하늘의 뜻이라 하고 언젠가는 서로 영원히 헤어져야 하는 것이 우리 인간의 숙명이라고 알고 있습니다. 선배님께서는 선배님을 가장 필요로 할 때에 이렇게 갑자기 가셨지만 그 뒤에는 선배님을 믿고 따르던 뛰어난 후배들이 우리 사회에서 모두 제 몫을 다하고 있습니다. 나라의 앞일이 많이 걱정되시겠지만 모든 일을 저희들에게 맡기시고 이제 편히 영면하시옵소서. 선배님의 크고 높은 뜻은 앞으로도 우리 사회의 앞길을 오래 오래 밝혀 주는 큰 등불이 되어주실 것으로 후신들은 믿고 있습니다. 끝으로 경제수상모음 『경제학자를 울린 농부의 편지』에 실린 「스승의 날에 거는 꿈」 가운데서 체취가 물씬 풍기는 육성 한 구절을 아래에 옮기면서 선배님의 영전에 삼가 슬픔의 글과 함께 후배들이 정리하여 엮은 유고집을 바칩니다.

"비록 움베르토 에코처럼 천재도 아니고 탁월한 사상가도 아니며 변변한 저작을 남기지도 못했지만, 필자는 저작에 대한 긍지가 남다르다. 그것은 에코처럼 뒷날 내 책이 다른 연구자들을 위한 한 권의 참고문헌이 될 수 있기를 바라서가 아니다. 저작이 그저 외롭고 고달픈 학자의 길을 선택한 의무이며 제자에 대한 보답이기 때문이다. 다행히 내 글을 읽어주는 분이 있고, 훗날 다른 연구자들이 참고문헌으로 인용해 준다면 그것은 덤의 기쁨일 뿐이다."

2005년 6월 올림

차례

2 국가 능력배양을 위한 정치개혁　97

3 프라이드를 모르는 한은 총재   *169*

4 哲煥이여! 學兄이여!　215

전철환(全哲煥) 교수 연보

생년월일   1938년 8월 6일
사 망   2004년 6월 18일

학 력

1961. 2	서울대학교 상과대학 경제학과 졸업
1968. 8	영국 The University of Manchester (경제학 석사 및 명예 법학 박사)
1998. 8	군산대학교 (명예 경제학 박사)

경 력

1960	제12회 고등고시 행정과 합격
1963~1976	경제기획원, 교통부, 중화학공업기획단, 무임소장관실
1976~1998	충남대 경제학과 교수
1983~1989	금융통화운영위원회 위원
1991~1993	충남대 경상대학 학장
1995~1996	한국경제발전학회 회장
1998~2002	한국은행 총재
2002~2004	한국은행 총재고문
2002~2004	충남대학교 명예교수
2003~2004	공적자금관리위원회 위원장

상　훈

2004. 6　　　　국민훈장 무궁화장 추서

지은 책

1980　　　　『사회정의와 경제의 논리』(한길사)

1985　　　　『한국의 사회구성(공저)』(화다)

1986　　　　『한국경제론』(창작과 비평사)

1986　　　　『민족경제론과 한국경제(공저)』(창작과 비평사)

1987　　　　『경제협력 이야기』(한국경제신문사)

1991　　　　『한국화폐전사(공저)』(한국조폐공사)

1993　　　　『경제학원론』(지식산업사)

2000　　　　『한국 은행산업의 진로(공저)』(지식산업사)

2002　　　　『한국경제 성장과 위기의 순환』(지식산업사)

2002　　　　『경제학자를 울린 농부의 편지』(지식산업사)

2002　　　　『경제민주화와 위기의 대응철학』(지식산업사)

2002　　　　『변환성장을 위한 새 패러다임』(지식산업사)

옮긴 책

1979　　　　『불확실성의 시대(공역)』(범우사)

1984　　　　『산업과 제국(공역)』(한벗)

2002　　　　『마에스트로-그린스펀(감역)』(한국경제신문사)

2002　　　　『현금의 지배(공역)』(김영사)

1 자본에도 국경이 있다

1. 자본에도 국적이 있다

최근 우리 금융가에서는 갑자기 국내금융자본형성론이 힘을 얻고 있다. 지난 6일, 경제장관 간담회에서 금융기관에 투자할 국내 금융자본 형성을 위하여 '사모주식펀드(private equity fund)'를 활성화하겠다는 정책이 그 예이다. 늦었지만 충분히 공감한다.

사실 1997년 외환위기 이전 정부와 주류경제학계에서는 자본의 국적성에 대한 관심이 거의 없었다. 오히려 외국자본이니 민족자본이니 하는 용어를 사용하면 좌파로 몰아붙이면서 "자본에 국적은 없다"고 주장하였다. 또 자본의 기술적 물리적 성격에 정치적 인격을 부여하는 것은 주류경제학에서 벗어난다는 반론이 있었다.

그러나 외환위기 이후 국내은행을 비롯한 제2금융권에 때로는 증권투자 수익을 목적으로, 때로는 경영권을 장악할 목적으로 외국 금융자본의 투자가 급증하였다. 그 결과 국내 금융시장의 불안정성 확대 그리고 정부 금융정책 전달효과의 반감은 물론이고 외국계 자본의 국내 산업지배를 걱정하는 목소리가 커졌다.

자본의 국적성을 인정하지 않는 배경에는 물적자본의 기술적 물리적 생산기능만을 바라보고, 자본의 소유자가 지향하는 이해관계를 고려하지 않는 태도가 존재한다. 특히 금융자본의 경우, 외국 금융자본이 국내진출을 통한 선진 금융자본의 효율적 금융기법 도입과, 그를 통한 세계 금융시장 참여확대를 지향하였다. 더구나 세계화 시대에 우리의 경제제도와 질서를 세계틀에 적응시키지 않으면 국민경제의 성장력을 크게 올릴 수 없는 것으로 인식하여, 금융자본의 국적성에 관계없이 우리 금융시장을 차별 없이 개방하였다.

다만 외국자본의 과도지배 즉 독과점적 지위형성과 그 때문에 빚어지는 금융의 비효율은 물론 앞에서 말한 금융시장의 불안정성 및 정책전달효과의 반감을 걱정하지 않을 수 없게 만들었다. 이에 맞서 국내금융자본형성론을 제기한 것은 뒤늦은 감은 있으나 이해되는 바가 매우 크다.

그리하여 국내 금융자본 형성의 필요성을 계기로 자본(capital)에 대한 인식을 넓힐 필요가 있다. 사실 경제용어 가운데 '자본'만큼 다양한 뜻으로 사용하는 경우도 흔하지 않다. 예컨대 "자본이 없어서 창업이 어렵다"고 말할 경우에, 이 자본은 기업에 투자할 '자금'을 뜻한다. 국민계정 중 자본형성에서 말하는 자본은 투자를 통한 '실물생산수단'을 뜻한다. 또 자본가란 말에서의 자본은 어떤 개인이 소유하고 있는 '부'를 뜻하기도 하지만, 노동자를 고용하고 지배하는 '전체기업가 계층의 지배력'을 뜻하기도 한다(capital in general). 그리고 산업자본 및 금융자본에서 자본은 실물생산부문과 금융산업부문을 지배하는 '집합개념으로서 기업'을 뜻한다(branch capital). 개별 기업을 뜻하는 자본은 생산활동의 주체인 '개별기업'을 뜻한다(individual capital).

또 외국자본에 대응하는 국내자본 또는 민족자본은 이윤추구를 목적으로 하는 생산활동의 주체인 기업 소유자의 국적이 자국이냐 타국이냐에 관한 구별이다. 외국을 위하여 이윤추구활동을 목적으로 하는 자본을 정치경제학에서는 매판자본(comprador capital)이라고 부르나, 1989년 현실 사회주의체제 붕괴 이후 시대착오적인 개념으로 인식되었다. 그럼에도 요즈음 국내금융자본형성론이 다시 떠오르는 것을 보면 역사의 아이러니를 느낀다.

외국금융자본의 부정적 측면에 맞서기 위해 국내금융자본형성론을 주장하려면 이 기회에 자본의 국적성에 관하여 몇 가지 살펴볼 사항이 있다.

첫째, 기업활동이 생산수단의 소유자 국적에 따라 각 나라에 이바지하는 성격이 다른지 검증되어야 한다. 예컨대 자국기업(개별자본)이 아니면 자국경제에 나쁜 영향을 미치는가. 미친다면 그 내용은 무엇인가. 정부정책 불수용, 국내 경제에 대한 불안정성 유발 여부, 생산한 부의 해외유출 여부, 국내 피용자에 대한 차별성 등에 관한 것이 그 예다.

둘째, 만일 국내외 자본의 성격이 다르다는 사실이 밝혀지면, 어떤 방법으로 국내 금융자본 특히 최근에 문제가 된 국내 전업금융자본을 형성할 수 있는가에 대한 실현가능한 대안이 마련되어야 한다. 산업자본과 금융자본의 기능과 성격 그리고 그 효율 따위가 다른가. 다르다면 산업자본의 금융자본 참여 수용가능성이 없는 것이다. 외국자본이 국내 금융자본을 잠식하기 때문에 이에 맞서기 위해 산업자본의 금융자본진출 허용을 용인하는 것만으로는 충분하지 않다.

셋째, 외국 금융자본에 대한 대항자본으로서 국내의 금융전업자본 형성이 어렵다면 국가적 금융자본 형성으로 대응할 수 있는가. 대응할 수 있다면 그 부작용 내지 정부지배의 비효율을 어떻게 극복할 것인가 따위도 충분히 논의해야 한다.

역사가 비록 같은 내용으로 반복되지는 않지만 그로부터 교훈을 얻어야 한다는 데는 이론이 없을 것 같다. 무의식적이기는 하나 극단적인 신자유주의 사조 속에서 이미 폐기되다시피 한 자본의 성격논쟁이 부활한 것은 분명히 역사의 역설이다. 아무래도 역사는 단선적으로 발전할 수만은 없는 것 같다.

(『한국금융신문』 칼럼 2003. 12. 11)

2. 경기순환을 위한 과제

　좀 이른 판단일지 모르나 추락하던 경기가 지난 9, 10월에 바닥을 지난 것 같다. 9월부터 재고는 줄어들고 생산이 늘어나는 것이 그 징후이다. 일부 회의적인 시각도 있으나 '4분기 경기바닥'이라는 예상보다는 2, 3개월 앞선 것이다. 올 성장률도 2, 3퍼센트대는 기대할 수 있을 것 같다. 저금리와 확대 재정, 그리고 미국, 일본, 유럽연합(EU) 등 세계 경제의 회복세가 수출과 생산을 이끌어 준 덕이다.

　일반적으로 경기가 회복되고 활황세를 띠면 모든 계층 사이에 갈등이 줄어들고 사회통합도 이루어져서 경제의 역동성과 잠재력이 높아진다. 그러나 이번 경기회복세에서 이런 기대를 하기에는 여러 가지 제약이 뒤따를 것 같다.

　먼저 산업별, 기업규모별로 경기가 나아지는 정도의 격차가 큰데다가 경기 후행 산업에서는 회복세와 고용증가 파급에 상당한 시간이 걸리거나 실종될 우려가 있다. 수출 대기업을 뺀 내수 중심의 중소기업은 단순기능 노동력을 확보하기 힘들고 소비수요의 회복이 지체돼 빠른 활황을 기대하기 어렵기 때문이다. 이 부문에 많은 일자리를 갖고 있는 서민 대중은 경기회복 수혜가 지지부진하거나 미미할 수밖에 없다. 잘못된 정책 기조는 아니지만 내수기반 없는 외연(外延)성장의 산업 다극화가 빚은 결과다.

우리에게는 아직도 부실 금융회사와 기업, 부동산 거품과 금리 환율의 급변, 가계부채와 카드채 부실 등으로 말미암아 시스템 위험, 시장위험, 그리고 신용위험에 노출될 개연성이 높다. 경기호황이 위험 노출을 크게 줄일 수 있겠지만 아직 위험관리 의식과 기법이 취약하여 큰 부담이 되기 때문이다.

그런데 정부가 사회·경제적인 격차와 위험을 줄이는 정책을 수행하는 과정에서는 새로운 갈등과 부작용을 낳을 수 있다. 이러한 갈등을 조화하고 부작용을 줄여서 역동성을 높이는 힘은 평등을 중추원리로 하여 공화(共和)를 추구하는 정치력에서 나온다.

때문에 정교하고 세련된 정책을 마련하고 시행할 수 있는 능력과 이를 뒷받침할 정치력이 필요하다. 사회구성상 경제는 효율 추구 때문에 계층별 기능 차별성이 빚어내는 격차를, 문화는 자아실현 지향성 때문에 개성과 가치선택의 다양성 등을 일으킬 수밖에 없다. 따라서 이해와 타협, 그리고 조화능력을 잃으면 아노미성 갈등을 불러온다.

이해와 타협, 그리고 조화력은 그 사회가 지닌 발전적 시대정신과 수준 높은 정치력에 달려 있다. 그런데 우리에게는 이러한 정치력이 없다. 부정으로 얼룩진 정경유착은 국민들에게서 정치인과 기업인 모두에 대한 존경심과 믿음을 앗아간다. 급진 원리주의 집단에는 갈등 유발의 원인을 제공한다.

참여정부 출범은 이런 정치의 역작용을 극복하고 우리 사회 발전의 역동성을 살리는 좋은 기회였다. 민주화와 높은 기개를 지닌 집권층은 개혁을 추진하고 대중적 지지를 이끌어 낼 수 있을 것으로 믿었다. 그러나 국정은 대증요법과 세련되지 못한 행정력, 그리고 감성적 대응에 머물러 시행착오와 불확실성, 불안정성을 더 키워 버렸다.

새 국정철학 가운데서도 경제는 '부총리에게 권한과 책임을', '어떤 계층 일방에 대한 친 선호의식' 수준에 머물러서는 결코 정책의 효율을 얻을 수 없다. 과학기술자를 비롯하여 지식인과 가진 자까지 아우르는 대통합 이념과 강한 추진력을 지녀야 한다. 노동자와 농민을 대상으로 하는 인민(people) 또는 대중(mass)만으로는 국민의 정서적 통합이 불가능하다. 그런 새 정치이념은 '국민정치'일 수 있다.

이제 조화와 대통합의 국민정치 이념을 구축해 새 정치 틀을 마련하고 경제의지와 잠재력을 살려 경기활황을 지속할 때다. 어차피 '발전은 사회경제체계의 총체적 상향운동'이고, 현대에는 경제만 홀로 설 수 없기 때문이다.

(『한국경제신문』 '다산칼럼' 2003. 11. 16)

3. 새해 경제전망과 과제

　작년은 정치, 경제 등 여러 면에서 매우 어려운 한 해였다. 참여정부 출범에 즈음하여 새 기풍을 바랐으나 구호만 컸지 이룬 것은 거의 없다. 개혁은 로드맵 작성으로 한 해를 보냈고, 국책사업의 경우 12월에 와서야 대선공약 포기 대가로 계속된 것을 제외하고는 거의 표류했다. 정부의 확고한 통치철학과 시행력 부족이 정책시행을 둘러싼 갈등조정의 실패와 정권불신 그리고 사업표류를 불러온 것이다.

　경제는 미국 등 세계경제 회복세와 저금리 및 재정확대로 불확실하지만, 작년 3/4분기에 저점을 지나고 회복세로 들어간 것 같다. 성장률은 잠재성장률보다 밑도는 3퍼센트 안팎에 그칠 것 같으나, 수출이 20퍼센트대로 늘어나고 경상수지도 1백20억 달러 흑자달성으로 내수부진을 상쇄하고 성장추락을 막은 것 같다. 물가안정도 정책수단 동원에 큰 도움이 됐다.

　올해 전망은 거의 모든 예측기관이 낙관적이다. 세계경제는 고속성장을 계속하고 있는 중국을 비롯해 미국, 유럽연합(EU), 일본 등의 회복세 지속을 내다보고 있다. 물론 국내경제도 잠재성장률 수준인 5퍼센트 안팎의 성장과 3퍼센트대 물가안정을 내다본다. 수출은 계속 10퍼센트대로 증가하여 성장을 이끌 것으로 예상하나, 경기회복세에 따라 수입도 증가

하므로 경상수지는 60억 달러대의 흑자로 축소될 것 같다.

그러나 기술혁신, 혁신투자 등은 저조하여 성장잠재력 또는 지속가능한 역동성 구축에는 많은 전문가와 기관 등도 회의적인 견해를 내놓았다. 이런 정보만을 지니고 있는 필자로서는 다른 예측을 하기 어렵다.

또 내년 경제운영에서 일반적으로 유리한 여건은 세계경제회복, 수출호조지속 및 내수의 점진적 회복 예상이다. 불리한 여건, 즉 극복해야 할 과제는 △기업투자 회복 △노사관계 안정 △가계부채와 신용불량 완화 △청장년실업 극복 등이다. 이를 극복하여 투자확대와 고용창출을 이룩하려면 정부가 지역특화, 국토균형발전, 경제특구개발, 세계선도기업 투자유치, 산업집적 및 활성화, 국내 사모투자펀드 조성활성화 등을 전략으로 하고 있으나, 이는 전략이라기보다는 유효한 정책을 통해 이룩한 결과의 모습이다.

그리하여 필자는 올해도 경제정책 과제에 대한 통상의 견해에 동의하지 않는다. 일반적으로 잠재성장력 구성요소, 즉 자본재, 기술, 노동력 등의 부존과 가동상황 재점검을 통하여 현실 적합성이 높은 새 경제활성화 전략을 개발해 시행하여야 한다고 본다.

지금 우리나라는 개발초기와는 달리 토지와 자본은 물론 고급 경영기술계 인력을 제외하고는 노동력도 더 이상 제약요소가 아니다. 역설적으로 실업자는 많아도 기능인력 부족을 호소하는 것은 사실이나, 정책 여하에 따라서는 충분히 전환할 수 있고 해외로부터 수입 가능한 인력이기 때문에 수요충족이 가능하다.

반면에 우리 경제의 부족요소로는 전통적 생산함수에서는 논외로 하는 '경제틀과 정책의 부정합성' 및 '수요 선도 경제구조에 어울리는 생산구조 전환능력 저하' 때문에 생긴 경제의지 제약이라고 생각한다. 특히 정경유착이 반기업주의를 불러온 것은 심각한 요소다.

사실 거의 동시에 교류되는 정보와, 수월성 높은 학습기회 등으로 앞으로 경제활성화와 잠재성장률을 높이려면 무엇을 어떻게 해야 하는지를 정책당국자가 아니라도 거의 알고 있다. 거기다 투입에 필요한 전통적 생산요소도 충분하다. 문제는 앞에서 살펴본 경제틀과 정책의 정합성, 그리고 시장구조 전환능력을 어떻게 높여서 역동성 있는 경제의지를 살리느냐에 달려 있다.

따라서 정부가 계층, 지역, 산업, 노사간에 증폭되는 갈등과 여기에 대응하는 적합성 높은 경제틀 및 정책의 지속성과 위험최소화 확신을 부여함으로써 이 세 가지 과제를 해결하는 것이 급선무다. 그리고 그것은 경제사회틀을 짜고, 정책을 세워서 이를 시행하는 정부와 정치권의 몫이다. 물론 정부와 정치권의 의지만 있다면 우리의 역량으로 보아 과제인식, 투철한 현실판단, 적합성 및 실현성 높은 대책마련은 가능하다. 그래서 필자는 우리의 앞날을 결코 비관하지 않는다. 따라서 올해에도 희망을 걸어 본다.

(『서울경제신문』 특별기고 2003. 12. 31)

4. '정부규제기구'부터 규제해야

　우리는 정부주도 개발 40년의 고속성장 대가로 과도한 규제와 취약한
사회통합력이 성장탄력을 약화시키는 위기에 맞닥뜨려 있다. 외환위기
직후 규제개혁을 국정과제로 '규제개혁위원회' 설치와 규제일몰제 따위
를 끌어온 결과, 규제건수는 1998년에 견주어 1999년은 24.5퍼센트로 줄
어들었다.

　그러나 그뒤 계속 증가해 작년에는 외환위기 이전 수준인 3천3백75건
에 이르렀다(「2003년 규제개혁 평가와 과제」 대한상공회의소). 사회·
경제 발전과 새 과제에 대응하기 위해 법령을 새로 만들고 기존의 규제
를 소극적으로 줄인 결과이다.

　더 큰 문제는 인허가 등 규제해제 소요기간이 선진국의 10～30배에 이
르는가 하면 규제의 질이 더욱 나빠져 행정권한의 오·남용을 불러온다
는 점이다. 규제제도의 불투명, 규(해)제 기준의 모호, 절차의 복잡성, 재
량권의 포괄성 따위가 그런 사례에 속한다. 때문에 규제비용은 물류비용
수준과 맞먹는 GDP의 10퍼센트에 이르러 경쟁력 약화의 중요 요인이
되고 있다.

　물론 경제주체의 자리(自利) 추구과정에서 생기는 외부효과와 시장지
배력이 시장실패를 일으키기 때문에 이를 조정하기 위한 규제 등 정부개

입은 불가피하다. 그러나 정부개입이 균형(적정)수준을 벗어나면 또 다른 비효율과 불공정을 낳는다. 이것이 입법·행정·사법 실패로 구성되는 정부실패이다.

특히 행정권을 재량껏 광범위하게 행사함으로써 빚어지는 행정실패는 돌이킬 수 없는 사회경제적 비효율을 가져올 수 있다. 적정 수준을 넘는 규제의 양적 과다와 질적 악성화는 경제활동 위축은 물론 경제의지까지 제약한다.

그런데도 아직 균형규제 수준을 객관화하기 어렵기 때문에 기술관료의 반(反)규제 완화 논리를 꺾기 어렵고, 규제정보와 기술을 행정부는 기업에, 국회는 행정부에 의존하다 보니 행정실패는 계속 남아 있다. 여기에 조직과 권한을 키우려는 '파킨슨 법칙'이 각 부처의 예산과 영향력(budget & domain)을 극대화시켜 규제를 재생산하고 질 악화에 가세한다. 또한 기술관료의 규제인식이 '감춰진 세금' 수준에 그쳐 불법행위에 대한 과징금 축소, 검사횟수 축소 내지 면제, 구비서류 감소 등에 머물러 규제개혁이 시장구조와 행동의 적정화 등에는 크게 미치지 못한다.

따라서 규제 주체가 견제와 균형을 통해 스스로 균형규제 수준에 이르는 규제재(財)시장 메커니즘을 고안할 필요가 있다. 외부비효과인 규제재를 내부화(internalization)하는 것이다.

행정부는 예산과 영향력을 최대화하고 기술관료는 업적에 대한 보상을 극대화하려는 속성을 지닌다. 규제재의 내부화는 조직과 그 구성원의 이런 성질을 이용해 양적 계량화가 가능한 조직(인원)과 예산의 크기를 매개변수로 정부 안에 규제시장을 마련하는 것이다.

'예산의 사전배분제(top down)'처럼 부처(국·실·팀)별, 업무별로 규제수준과 규제질 모형을 만들고 시장효율화를 이룩하는 규제의 균형수준을 정한다. 이어 균형수준의 규제업무를 수행하는 데 필요한 최소인원과 예산총량을 정한다. 일정기간 뒤 기구별 업무별 규제수준이 적정수준을 넘어서면 기구와 예산총액을 그 비율만큼 가감한다. 물론 담당자에게는 역보상으로 규제개혁 축소를 이끌어낸다. 반대로 규제의 양과 질을 축소하고 균형화하는 한편, 개인과 기업활동을 조장 또는 창조업무를 개발하면 그만큼 추가 보상한다. 또한 오염배출권 시장처럼 규제권을 다른 조직기구, 예컨대 부처(국·실·팀) 사이에 인원과 예산을 매개로 하여 매매할 수 있는 권리도 부여한다.

　물론 이런 규제재의 내부화론이 아직은 정형화돼 있지 않고 선례도 드물다. 실행 가능하기까지는 사전검증을 거쳐 시행착오를 최소화해야 할 것이다. 규제를 새로운 시장재로 인식하기 어렵기 때문이나, 효율적 균형규제 수준을 이룩하기 위한 지혜는 또한 시장에서 찾아야 할 것 같다.

(『한국경제신문』 '다산칼럼' 2004. 3. 9)

5. 경제운용 자유도와 경영권

1997년 외환위기 이후 정부의 경제운용 자유도와 기업의 경영권 유지 환경은 크게 바뀌었다. 외환위기 전의 정책자유도는 자본, 산업기술, 숙련노동자, 그리고 시장한계 때문에 크게 제약을 받았다. 그리하여 정부는 지칠 줄 모르는 성취동기를 지니고 끝없이 모험을 감수하며 창업하고 축적하는 진취적 기업인에 대한 기대가 컸다. 따라서 기업에 대해선 거의 무제한의 특혜와 경영권을 보장했다. 기업인은 정치권의 눈치를 보는 것말고는 경영권 유지에 거의 제약을 받지 않았다.

그 결과 우리 기업은 지배와 재무구조의 불합리성에 둔감했고 불공정거래에 따른 축적도 마다하지 않았다. 반면에 투자와 축적에 대해선 동물적 저돌성을 지녀 국민경제 성장잠재력을 크게 키워 왔다.

그러나 외환위기 이후 우리 경제는 거의 무제한 개방과 영미식 주주자본주의(Shareholder capitalism) 질서로 이행함에 따라, 외국투자자의 우리 자본시장 참여와 기업지분 확대를 통한 경영권 장악, 그리고 외국 금융자본의 우리 산업자본 지배가 매우 수월해졌다.

이처럼 외국인이 주식지분률을 높이고 경영권에 위협을 가해오자 국내 기업지배자들의 경영권에 대한 위기의식이 높아졌다. 정부의 경제정책 자유도도 국내 자본가의 기업소유 때보다 외국 금융자본의 국내기업

경영권 장악 정도가 높아짐에 따라 크게 제약받게 됐다.

그 상황은 외국투자자의 주식지분 상황에서 뚜렷하게 나타난다. 상장주식 가운데 외국인 보유비중은 총 41퍼센트(5월19일 현재)에 이른다. 5대 기업집단 가운데 주력기업, 예컨대 삼성전자의 외국인 지분률은 59퍼센트, 가장 낮아도 LG화학의 경우 34퍼센트나 된다. 시가총액 상위 20개 유통주식에서는 평균 75퍼센트나 돼 외국투자자의 국내기업 경영권 위협은 커지고 우리 금융시장과 기업정책에 대한 정부의 정책자유도는 크게 낮아지고 있다.

대한상공회의소의 조사에 따르면, 외국인 투자자의 KOSPI 200 기업에 대한 경영간섭 비중은 13퍼센트에 이르렀고 그 증가율은 매우 빠르다. 기업결산이익 처분에서도 외국인 투자자의 경우 설비투자 대신 배당확대 요구가 47.6퍼센트, 지배구조개선 요구가 38.1퍼센트, 임원 교체요구가 14.3퍼센트에 이르러, 경영권 위협은 물론 우리 경제의 성장잠재력을 높일 수 있는 설비투자증대를 크게 제약하고 있다.

우리 경제는 무자원 소국이기 때문에 높은 원자재와 시장, 그리고 기술의존 체질로 성장해 왔다. 최근 유가급등과 미국 및 중국의 긴축이 예고되자, 외국 금융투자자들은 우리 경제회복의 둔화 예상에 따라 단기투기성 금융자본이 재빠르게 이탈했다. 따라서 우리 경제의 변동성도 심화되고 있으나 정책 조정력은 매우 제한될 수밖에 없다. 이런 상황이 외생성을 지니기 때문에 정책조정력은 매우 제한될 수밖에 없다.

따라서 우리 경제의 변동성을 완화하려면 경제정책 자유도를 높이고, 우리 기업의 경영권을 방어해 내려면 금융산업은 물론 지배적 기업의 외국금융자본 지분률이 더 높아져선 안 된다.

기업은 이를 충분히 인식했을 것이므로 지금처럼 상호출자와 전근대적 지배구조로 낮은 지분임에도 기업경영권을 장악했던 과거에서 자발적으로 벗어나야 한다. 정부는, 기업이 시장질서에 따라 자발적으로 상호출자와 지배구조개선을 이끌어낼 수 있는 유인력을 높여야 한다.

또한 지난 20년 동안 미국경기 변동성은 20년 전보다 절반으로, 물가

변동성은 3분의 1로 축소된 것으로 검증됐다(Blanchard & Simon). 그 요인은 첫째로 지배구조, 기업관행, 그리고 재고관리기법의 선진화이다. 둘째는 효율적인 거시정책, 특히 통화정책의 효율화이다(Bernanke). 셋째는 우연적인 해외경제의 안전성이었다. 우리도 해외경제의 충격을 흡수할 수 있는 경제변동성 완화정책 연구와 수단 발굴에 온 힘을 쏟아야 한다.

시장경제 질서에도 실패는 있다. 결코 공유자원과 공공재 때문만은 아니다. 극심한 경기변동과 혁신지체로 성장잠재력이 약화되는 것이 그 대표적인 예이다. 정부는 정책자유도를 높이고 기업경영 자율권을 확보해 시장실패를 보완해야 한다. 지금 우리에게는 이런 상황인식이 매우 절박하고 필요하다.

(『한국경제신문』 '다산칼럼' 2004. 5. 24)

6. 시장규율을 강화하자

우리는 1997년 외환위기를 겪으면서 기업과 개인은 물론이고 금융기관도 경영에 실패하면 망할 수 있다는 값비싼 경험을 하였다. 또 예금, 채권, 주식을 매입하는 민간거래자도 더 이상 그들이 매입하는 금융자산의 가치를 영원히 보존할 수 없다는 교훈을 얻었다. 모든 금융거래는 가치손실 위험이 따른다는 산 경험을 한 것이다.

그 결과 당연하지만 잊고 있었던 주주, 채권매입자, 예금자 등 민간 금융거래자도, 금융기관의 위험추구 경영 때문에 입게 되는 손실로 자산가치가 줄어들거나 전부를 잃을 수 있다는 사실과, 따라서 스스로 위험회피 노력, 즉 시장규율(市場規律, market discipline)을 지켜야 함을 알게 되었다.

정부, 즉 금융정책·감독 기관은 위험을 줄일 목적으로 금융기관에 대한 건전성 규제강화와 새로운 종류의 감독체계를 도입하였다. 제도관리 부처, 통화관리 주체인 중앙은행, 금융감독 기구, 예금분리보험관리 기관 등으로 체제를 기능별로 중층화한 것이다. 이것은 금융기관에 대한 규제규율(規制規律, regulatory discipline) 효율화와 유연성 있는 대응을 목적으로 한 것이다.

그러나 우리는 외환위기에서 경험했음에도 그것을 현실적으로 실천하지 못하고 있다. 카드사들의 경우, 외환위기로 수많은 금융기관이 부실 퇴출되고, 합병되어 금융인이 실직의 고통을 겪었음에도 여전히 건전성 관리를 소홀히 하는 경향이 남아 있다. 2001년부터는 예금이 부분적으로 만 보장되는 데도 금융투자자의 금융기관 선별력과 시장규율의지는 크 게 나아지지 않았다. 또 유동성이 풍부해지고 카드 등 새 신용수단이 거 의 무절제하게 공급되면서 신용이용자의 신용절도(信用節度, credit discipline)도 크게 나빠져, 지난 2년여 동안 카드채 부실 등의 엄청난 누 적과 신용불량자가 양산된 것이 그 예다.

사실 금융시장 안정과 위험 회피 대응에서 정부 간섭을 심화하는 규제 규율보다는 민간인 스스로 절도를 지켜 위험을 회피하는 시장규율이 훨 씬 비용이 덜 드는 효율성을 지닌다. 그런데도 우리는 금융절도를 지키 지 않기 때문에 또다시 규제심화를 일으킨다.

그러나 끊임없는 위험 유발과 규제심화의 반복은 시장규율 약화로 이 어지는 금융시장 불안의 요소가 된다. 따라서 금융정책당국과 금융기관 은 되도록 규제규율을 축소하는 다음 네 가지 시책 강화가 필요하다.

첫째, 시장 참가자인 민간경제 주체와 금융상품의 원천 생산자인 금융 기관도 주어진 정보와 시장상황에 대응하는 금융활동 면에서 합리적인 판단을 하도록 시장조건에 대한 적응도를 높여야 한다. 서로서로 금융시 장의 운용원리를 충분히 인식하고 최선의 위험회피 대응방안이 무엇인 지를 인식하여야 한다. 그러려면 시장활동을 통한 경험에서 얻은 행동양 식의 합리화가 최선이나, 미리 교육을 강화함으로써 그 인식을 깊게 할 수 있을 것이다.

둘째, 금융회사가 시장에서 자유로이 진입하고 퇴출할 수 있도록 개방 적 시장구조를 구축하여야 한다. 특정 금융기관들이 시장지배력을 장악 하도록 업무영역에 특혜를 주거나 지리적 이유로 차별해서는 신중한 금 융기관과 위험을 추구하는 금융기관을 식별하기 어렵기 때문이다.

셋째, 금융상품 매각회사(대부자)와 금융상품 매입자(차입자) 사이에는 투명성 원칙을 지켜 서로 재무상황, 특히 부채관련 정보를 충분히 알고

있어야 한다. 특히 일찍이 금융기관의 재무상황 정보를 충분히 알지 못
하면 이해 당사자, 예컨대 예금자, 주주, 채권자 등이 감지하기 이전에
부실 금융기관들이 도산하여 이해관계자가 막대한 손실을 입을 수 있다.

넷째, 금융기관과 이해관계자는 어떠한 경우에도 정부가 구제하여 줄
것이라는 기대를 갖지 않도록 하여야 한다. 금융기관이 부실해질 때 정
부가 구제할 것이라는 바람이 형성되어 있을 경우, 이해관계자가 부실
금융기관을 규율하려는 필요성이 없어지게 된다. 또한 금융기관도 지불
능력을 유지함으로써 건전성 원칙을 지키려는 요인이 줄어들게 된다. 이
것이 도덕적 해이의 예방이자 자기책임의 원칙이다.

우리는 시장을 우상처럼 떠받들면서도 시장규율에는 무감각하다. 만일
시장규율 질서를 뿌리내리게 하지 못하면 정부규제를 불러일으키고 그
강화를 유혹하게 된다. 정부관료는 그 속성상 끊임없이 정부규제를 강화
하려는 유인에 동조하게 된다. 따라서 시장규율이야말로 최소 규제의 길
임을 인식하고, 정부와 금융기관 그리고 민간금융거래 참가자들이 온 힘
을 쏟아야 한다. 역사에 눈감는 자는 미래를 볼 수 없기 때문이다.

(『한국금융신문』 칼럼 2003. 10. 13)

7. 서울, 금융허브 구축의 조건

참여정부 출범 전후, 정부와 경제계는 21세기를 이끌 새로운 성장산업으로 동북아물류 및 금융중심기지 구축을 희망했다. 행정수도를 비(非)수도권으로 옮기겠다는 공약과 함께 수도권의 공소화(空疎化) 우려에 따르는 수도권 주민의 동요를 막기 위해서 서울을 경제중심지 그것도 국제금융센터로 발전시키겠다는 것이다. 아직 기대 수준이기는 하나 새로운 성장산업으로 국제 금융산업의 허브화는 충분한 대안이 될 수 있다.

성공 여부는 무슨 전략으로 어떻게 서울이 런던과 뉴욕에 집중되어 있는 국제 금융자본을 끌어들일 수 있는 조건을 갖추느냐에 달려 있다. 따라서 지난달 31일 서울에서 열린 서울국제경제자문단(SIBAC) 총회에서 논의된 내용들은 매우 시의적절한 것이었다.

논의된 내용은 우리의 경제규범을 국제 금융자본이 활동하는 데 익숙한 영미식 규범에 일치시켜야 한다는 점이다. 첫째, 국제규범에 합당한 회계기준, 감사관행, 기업지배구조, 계약관련법 및 집행, 청산 및 결제 방식 등을 구축하는 것이다. 둘째, 통화시장개방, 세제개혁, 법률시장 국제화, 은행인허가 개혁, 금융상품규제 따위에 대한 투명성 등을 높이는 것이다. 셋째, 전문적 역량과 정치적 독립 그리고 금융 시스템의 건전성과 안정성을 책임질 수 있는 감독기구를 갖추는 것이다.

사실 외환위기 이후 우리는 여러 면에서 이러한 필요조건을 충족시키는 데 신속하게 대처해 왔다. 그러나 아직도 외국 금융자본이 대한(對韓) 투자를 망설이게 하는 재벌의 영향력, 정부의 금융보호정책, 폐쇄적인 노동시장 등 기업활동 제약요소가 엄존한다(『한국금융신문』 2003년 11월 3일자 1, 3면 참조). 그러므로 이런 외국인들의 권고에 대해서는 겸허히 검토, 수용하되 결코 환상을 가져서는 안 된다.

이번 총회에서는 물론이고, 가끔 외국인들은 한국이 동북아 물류기지와 금융허브로 뛰어오를 충분한 잠재력이 있다고 칭찬한다. 그러나 이런 말들을 그대로 받아들여서는 안 된다. 그들은 속으로 '한국은 지금 깊은 착각 속에 빠져 있다'고 생각하는 이중성을 지니고 있기 때문이다. 그들의 목적은 안정적인 이윤추구와 지속적 성장을 기대하는 것인데, 불확실성과 불안정성이 너무 많다는 지적이다.

때마침 필자는 이 총회에 참석하려고 내한한 JP모건 인터내셔널 대표 A. 크로켓과 회의 당일 아침 8시부터 차를 들며 담소한 바 있다. 서로 편안한 사이라서 의견을 같이 한 점은, 우리의 경기동향, 정치적 안정성, 노사관계의 화합성, 대북관계의 개선 여부 등 우리를 둘러싼 여건이 언제쯤 확실성과 안정성을 확보할 수 있느냐 하는 것이었다.

또 우리나라가 먼저 금융자본을 키우고, 안정적이고 확실하게 경제활동을 하게끔 금융산업의 시장구조, 시장행동, 시장성과의 바탕을 다져야 한다는 점이다. 다시 말해 우리 금융산업이 먼저 국제 금융시장에서 경쟁할 수 있는 조건을 갖춰야 한다. 우리 금융산업도 발붙이지 못하는 토양에서는 외국 금융산업도 스스로 발전하기가 어렵기 때문이다.

결론은 너무나 평범하다. 그러나 피할 수 없는 기본 조건이다. 다만 무엇을 하여야 할 것인가는 알면서도 어떻게 하여야 할 것인가를 모르거나 알고도 시행하지 못하는 것이 현실이라는 아쉬움을 남기면서, A. 크로켓과 필자는 찻잔이 식어갈 무렵 허허로이 자리를 떴다. 한 번쯤 새겨볼 일이 아니겠는가.

(『한국금융신문』 칼럼 2003. 11. 17)

8. 기술적 반칙거래의 교훈

    농구시합에서는 가끔 고참선수가 심판 눈을 속여 상대선수에게 반칙하는 행위가 벌어진다. 이를 기술적 반칙(technical foul)이라고 부른다. 물론 비신사적 행위이며 반드시 응징하고 없어져야 할 불공정 게임의 한 행태다. 그런데도 선수들 사이에는 선후배 사이의 의리와 관행이라는 이름으로 덮어지는 경우가 많아서 부정의 뿌리로 남게 된다.

    이런 일이 금융거래에도 아직 많이 남아서 크지는 않지만 시장을 교란한다. 우리의 예는 아니지만 작년 9월 3일 미국 뉴욕주 검찰총장 E. 스피쳐는 뮤츄얼펀드업계 스캔들을 조사해 시장교란행위를 공식 발표하였다. 우리도 아직 공시되지는 않았지만 비슷한 관행이 있는 것으로 알려져 있다.

    뉴욕 뮤츄얼펀드 업계의 불공정 거래 예로는 '마감 후 거래를 마감 전 거래로 인정한 불법거래'(late trading), 명백한 불법거래는 아니나 기술적 반칙거래에 해당하는 '금융시장 사이 영업시간차를 이용한 거래'(market timing)와 투자정보를 특정 고객에게만 제공하는 행위 등이다.

    마감 전 거래인정 불법거래의 예는 일반적으로 펀드가 기준시점을 뉴욕증시가 폐장하는 오후 4시로 해서 하루 한 차례 가격을 산정하는 데 반하여, 일부 펀드가 4시 이후에 접수되는 주문(late trading)도 다음날 증시기준 시세 대신 특정 고객에게 당일시세로 거래해 주는 부당행위이다.

금융시장 사이의 영업시간차를 이용한 기술적 부당거래의 예는 국제 펀드거래에서 국제시장 사이의 거래시간의 차이(time-zone difference)를 이용하여 단기매매를 하는 것이다. 엄격한 의미에서 불법거래는 아니나, 장기투자 고객에게 간접피해를 주는 기술적 편법거래임에는 틀림없다.

위 두 가지 거래행태말고도 높은 수수료 수준, 펀드의 지배구조, 투자정보를 특정 고객에게만 제공하는 행위 등이 부당거래에 해당한다.

이런 기술적 변칙거래 때문에 작년 한 해만 해도 뉴욕 뮤츄얼펀드 거래에서는 영업 시간차를 이용한 거래로 선의의 투자자들이 연간 50억 달러, 마감 후 거래를 마감 전 거래로 인정한 불법거래로는 연간 4억 달러 정도의 손해를 입은 것으로 추정한다.

그러나 그보다 더 심각한 문제는 관행이 변칙부당거래에 대한 도덕의식을 함몰시키는 것이다. 불공정변칙거래로 말미암아 초과수익을 얻으면서도 정당거래로 착각하게 되면 도덕성 마비를 일으켜 개선 유인이 사라지고, 장기간 피해를 일으키는 구조적 반칙거래로 정착되는 등 세 가지 중요한 위험을 불러온다.

첫째, 불법거래가 투자자에게 충격을 주었음에도 금융시장 불안정 현상이 많이 나타나지 않았다는 이유로 자칫 불법 부당거래가 노출되지 않는 불투명성을 일으킨다는 점이다. 투명성이 없으면 변칙 부당거래가 관행으로 장기간 남아 있을 수 있다는 점에서 명시적 위법 부당행위보다 고치기가 어렵다는 약점이 있다.

둘째, 기술적 반칙이 부정시장 거래를 불러오고 시장을 교란하는 수준에 이르면, 정부의 금융시장 개입 즉 규제강화 요소로 작용하고 새로운 추가 거래비용이 생긴다. 따라서 경제의 효율성을 떨어뜨리는 요소로 작용할 뿐만 아니라 시장참가 유인을 제약한다.

셋째, 이런 기술적 변칙 거래는 금전적 손실보다는 투자신탁업의 생명인 공신력과 윤리성을 침해한다. 따라서 금융회사들은 지배구조 개선 못지않게 부당거래로 비롯된 거래비용 증가를 걱정하여 기술적 변칙거래가 관행이라는 이름으로 남아 있게 해서는 안 된다.

감독당국과 업계 모두 유의하여 우리 금융시장에도 관행적 기술적 변칙거래 유무를 챙겨서, 정부는 미리 제도와 규범을 마련하고 조사 시정하는 세심한 주의를 기울여야 한다. 금융업계는 시장규율적 정당거래 관행을 통하여 공신력과 윤리성이 확보되도록 노력하는 한편, 윤리경영을 기본철학으로 뿌리내리게 해야 한다. 뉴욕 뮤츄얼펀드의 부당하고 기술적인 반칙거래가 결코 대안의 불만은 아니기 때문이다.

(『한국금융신문』 칼럼 2004. 1. 8)

9. 시급한 국적(國籍)금융자본 육성

작년부터 우리 경제계에는 외국계 자본의 우리 금융 및 산업지배 우려를 자아내게 하는 여러 사건이 일어났다. SK(주)의 2대 주주인 '소버린 자산운용'의 경영권 장악 우려, LG카드 사태 해결과정에서 보인 외국계 자본 은행인 제일, 외환, 한미은행의 금융시장안정책에 대한 비협조, 수많은 국내 산업자본에 대한 외국계 자본의 소유 및 경영권 장악위협 등이 그 예다.

그리고 그것은 자본의 다양한 성격에 대한 이해의 확산, 국내외 자본 사이의 차별성 확인을 위한 과학적 검증, 그리고 단기차익을 노리는 외국계 펀드 등의 국내시장 교란에 대한 대응자본 즉 국적(國籍)금융자본 형성의 시급성을 일깨웠다.

사실 자본축적 과정은 상업자본에서 산업자본으로, 산업자본에서 금융자본축적 순서로 이행되었다. 그러나 최고의 발전단계에서는 금융자본이 상업자본은 물론이고 산업자본도 지배하는 금융독점화 경향을 보였다.

그리고 어떤 개별자본(기업)이라도 축적과정의 본질은 스스로 키우고 확장하며 지배하고자 하는 모사성(模寫性, evolutionary function)을 지닌다. 특히 확장하고자 하는 시장영역은 결코 국내에 국한하지 않고 세계적 규모의 시장에까지 확대된다. 선진국의 금융자본이 후발국에 진출할 때 자본수입국의 법제, 회계, 경영관행 등이 선진자본의 축적활동에 장애가 되면 세계화와 효율화를 높인다는 명목으로 내정간섭을 자행하는 경우가 많다.

미시적으로는 자본거래 자유화, 경영의 투명화, 지배구조의 민주화 등을 요구한다. 거시적으로는 재정금융정책 즉 재정의 균형화, 통화관리 즉 환율과 이자율 정책 등에 대하여 간섭한다. 간접적으로는 국제평가기관을 동원하여 국제 금융시장 진입과 활동을 제약할 수 있는 국가평가를 무기로 자본수입국 내지 금융시장 참여국의 축적과정에 끼어든다.

따라서 국제 금융시장에 참가하고 경쟁력을 갖추려면 먼저 독립적 국적성을 지니는 금융자본을 형성하고, 경쟁력을 갖출 수 있는 금융산업 조직 및 금융기법을 발전시키는 것이 급선무다. 그리고 외환위기 이후 뼈아픈 구조조정을 통하여 겪은 학습효과가 우리에게 커다란 교훈이 될 수 있다. 다행스럽게도 국적금융자본 형성의 물적여건은 충분하다.

우선 금융자산 보유 수준이 최소 1천3백조 원 이상이고 외환보유액도 1천6백억 달러대에 이르러 개별금융자본 형성의 물적여건은 무르익었나고 볼 수 있다. 다만 이들 금융자산을 어떻게 금융자본시장에서 경영력을 갖춘 주체로 만들 수 있는가 하는 것이 지금의 과제다.

그래서 우리는 외환위기 이후 선진 금융활동에서 보여준 금융자본의 산업지배는 물론이고 금융지배 목적의 각종 펀드(fund)의 활동과 역할에 주목한다. 다만 아직 펀드조성을 통한 산업 및 금융지배 경험과 기법을 충분히 학습하지 못했다. 그러나 그동안의 학습효과를 발휘하여 그런 목적의 사모펀드(private equity fund) 조성은 물론, 공공 연기금을 제외한 기업연기금 등의 금융펀드 운용가능성은 충분히 인식하고 있다. 특히 기업 연기금 등이 금융전업 펀드 조성에 참가함으로써 산업자본의 금융자본 지배에 대한 걱정과 취약한 금융전업자본 부족을 보완할 수 있다.

그러나 정부계 금융기관 예컨대 공적자금 투입 금융기관이나 출자금융기관을 민영화할 때 금융기관의 공공성 확보 또는 기간산업의 외국계 자본 지배를 방어하기 위한 황금주(黃金株, golden share) 도입은 신중해야 한다. 황금주 제도 도입은 1970년대 영국이 브리티쉬 텔레콤(BT)을 민영화할 때 공공성을 확보할 목적으로 도입한 바 있다. 지배권 확보의 비슷한 예는 7퍼센트 지분만으로 40퍼센트 이상의 의결권을 행사하는 포드와 1천 배의 의결권을 행사하는 볼보의 SAAB의 예가 있다. 그러나 이 제도는 유럽에는 물론이고 미국에서도 퇴조하고 있다. 예외인 경우도 있지만 바람직한 일은 아니다. 이는 관치금융을 부활케 하며 주식의 평등권과 의사결정의 민주성에 위배되기 때문이다.

따라서 가장 바람직한 것은 고도의 자본운영기법, 투명성, 그리고 수익성을 모두 갖춘 금융전업 자본형성이다. 그러나 관치금융과 산업지원 구실에 한정한 결과로 우리나라에는 금융전업 자본으로 내세울 만한 것이 없다. 그 대안으로 사모펀드 또는 연기금 참가를 통한 금융전업자본 형성을 제시할 수 있다. 오랫동안 독립적 금융산업 육성이 지체된 우리나라로서는 충분히 가능하고 육성조건도 조성되었다.

이를 위해서는 사모펀드 조성과 운용의 자유화 및 활성화를 위한 제도 정립과 관행의 정착이 시급하다. 정부계 연기금을 제외한 기업 또는 산업별 연기금 육성과 그들의 자유로운 펀드조성, 시장관리기법의 학습도 시급하다. 실체가 의심되는 6백50억 원의 민경찬 펀드조성 해프닝처럼 사기성과 위험성 높은 펀드시장 교란 가능성이 많기 때문이다. 따라서 총체적 리스크 관리를 위해 직간접 제도를 손질하고 자율성을 보장하면 자율적 성숙조건은 충분할 것 같다.

시장 참가자들의 제도운영과 활동에 관한 인식은 예상보다 높은 학습과 창조적 효과를 발휘할 역량을 갖추고 있다. 이들은 또 위험을 충분히 받아들이면서도 축적력을 발휘할 수 있는 여건이 조성돼 있다는 자신감도 보이고 있다. 국적금융자본 형성과 경쟁력 확보를 기대한다.

(『한국금융신문』 '시론' 2004. 3. 2)

10. 의존형 경기변동 경계해야

우리는 경제가 가능한 한 변동없이 지속적으로 성장하기를 바란다. 변동하더라도 폭이 좁고 기간도 짧기를 바란다. 큰 경기변동폭은 자원의 합리적 배분과 지속적 성장력을 떨어뜨리기 때문이다. 반면에 경기변동폭이 축소되면 시장기능을 향상시키고 경제정책수립을 용이하게 하며 인플레이션 위험에 대한 헷지(hedge)비용을 낮출 수 있다. 또한 고용을 안정시키고 가계 및 기업의 경제적 불확실성을 제거함으로써 경제의 지속적인 성장을 가져올 수 있다.

그러나 경제순환상 소비·투자·수출로 구성되는 주입(注入)의 주체와, 저축·조세·수입으로 구성되는 유출(流出)의 주체가 기대 및 그 행동양식 면에서 서로 다른 한, 현실적으로 경제의 확장과 수축의 반복을 통한 파동을 그릴 수밖에 없다.

더구나 우리나라처럼 외생변수인 해외경제와 원자재수급 의존도가 높고, 천재지변 특히 남북문제 그리고 내우외환 등의 불확실성 요인이 클 때는 경기변동폭과 기간의 조정능력이 떨어지기 때문에 경기변동을 피해 가기 어렵다.

그러나 다행히 최근 미국의 경우 경기변동폭의 축소와 기간단축 기대가 뚜렷하게 보이고 있어서, 오랫동안 정책수립가와 학자들이 가져 온 기대가 실현될 개연성이 있다.

블랜차드(Blanchard)와 시몬(Simon)은 지난 20년 동안 미국경제의 성장과정에서 경기변동성이 크게 축소된 것으로 검증하였다. 1980년대 중반이후 실질산출량의 변동성이 1947년~1981년 사이에 견주어 절반으로 줄어들고 물가변동성도 3분의 1 수준으로 둔화된 것으로 분석하였다.

이처럼 거시경제변동성이 축소될 수 있었던 첫 번째 요인은, 경제제도, 기업관행, 재고관리 개선 따위의 구조적 변화가 충격을 크게 흡수한 데 있다. 개선된 거시정책 특히 효과적인 통화정책이 두 번째 요인이다. 끝으로 외생적 경제변동충격이 작았을 뿐만 아니라 빈도도 낮았던 행운도 한 몫으로 보았다. 미연방준비은행 이사 버난케(Bernanke)는 특히 개선된 통화정책이 거시경제변동성을 축소시킨 주요 원인으로 보고 있다.

그러나 우리나라는 인력 이외의 자원은 매우 빈약하고 시장도 매우 작은 소국이기 때문에, 외생적 경제변동 충격이 국내 경기변동성에 곧바로 전달되는 취약성을 지니고 있다. 수출입은 GDP의 80퍼센트에 가까운데다가 증권시장에서는 상장주식 평가총액의 40퍼센트, 거래량의 60퍼센트에 가까운 수준을 해외투자자가 차지하고 있다. 따라서 해외경기 변동, 그것도 중국, 미국, EU 등 선진국의 경제상황에 따라 우리 경제의 변동성이 결정된다. 증권시장에서는 외국인 투자자의 행동양식에 따라 요동친다.

원자바오 중국 총리의 중국경제가 과열되고 있기 때문에 긴축할 수밖에 없다는 발언으로, 지난달 29일 하루 동안 주식시장에서는 26포인트가 빠지고 환율은 4원 절하되는 등 금융시장이 동요한 사태가 그 예다. 작년 말부터는 중국의 과열경기가 전세계 고철과 철강재 수입을 독점하고 기타 원자재 시장을 교란시킴으로써 우리에게도 막대한 영향을 미쳤다.

다만 중국의 장기 고성장이 우리경기를 지탱해 준 것은 매우 고무적인 일이다. 앞으로도 중국의 경기동향이 우리의 수출입, 제3시장에서 중국과 경쟁, 외국인 투자유치 경쟁 등을 통하여 우리 경제의 변동에 큰 영향을 미칠 것이다.

물론 지금 우리 경제를 운용하는 데서는 성장잠재력의 회복, 기업과 국민의 진취적 경제의지의 고양, 그리고 합리적인 행동양식의 정착이 시급하다. 그러나 해외 충격에 따른 경기변동성 완화가 또 하나의 중요한 과제로 떠올랐다.

따라서 미국처럼 경기변동 축소를 정착시킬 구조적 변화와 개선된 재정금융정책 등 거시경제정책의 효율화가 절박하다. 해외충격을 흡수할 수 있는 경제제도, 기업관행, 재고관리 등 경제구조구축 및 경제운용의 반(反)경기사이클화에 유의하여야 한다.

국제경제의 안정, 천재지변과 내우외환이 없는 행운은 노력하는 가운데 얻을 수 있는 것이지 저절로 오는 것은 아니다. 기업, 학계 그리고 정부는, 경제성장에 대한 기대 못지않게 해외경제 변동에 따른 국내 경기변동성 흡수이론과 대응정책 마련에 많은 관심을 갖기 바란다.

(『한국금융신문』 '시론' 2004. 5. 3)

11. 한국금융과 나

모든 사물은 끊임없이 변화한다. 발전이든 퇴화(involution)든 속도는 점진적(진화적, evolutionary)일 수도 있고, 급진적(혁명적, revolutionary) 일 수도 있다. 다만 인식의 범위를 벗어나는 초저속 또는 초고속일 경우에는 그 변화를 감지하기 어렵다.

우리 금융산업이야말로 지난 반세기 동안 때로는 진화적으로 때로는 혁명적으로 부침을 거듭하면서 성장, 발전해 왔다. 개발 초부터 1997년 외환위기 때까지는 관치체계 속에서 실물산업 수요에 추종(demand following)해 왔다. 때문에 추세적 진화발전 속에서 단기적 퇴보를 거듭할 수밖에 없었다.

그러나 1980년대 후반 경제성장의 가속과 함께 저축률이 크게 높아지고 국제수지 흑자폭이 커지면서 우리 금융산업은 금융자산의 대규모 축적과 함께 급격한 발전의 계기를 맞이했다. 예컨대 수요추종에서 공급선도(supply leading)로, 내국산업 수준에서 세계화로, 경영의 자율화와 거래의 투명화 그리고 국제규범에 맞춰 독자적 선도산업으로 거듭나지 않으면 퇴화할 수밖에 없었다. 여기에 조응하고자 한 예가 문민정부 때의 세계화 인식과 금융실명제 추진이었으나, 불행히도 인식의 한계와 관성에 얽매여 구조개혁과 국제규범에 발맞추는 데 실패했다. 제2의 국치(國

恥)에 해당하는 1997년 외환위기는 개혁과 변화의 때를 놓친 대가였다.

필자는 개혁을 통한 발전을 지향해야 했던 1980년대 후반에는 금융통화위원으로, 외환위기 이후 한국은행 총재 시절에는 절박한 위기 극복과 대(大) 개혁 지휘부의 일원으로 활동했다. 특히 외환위기 이후에는 신속한 시장안정을 통해서 조화로운 시장구축과 국제규범에 걸맞은 운영체제 및 질서를 정립해야 했다.

한편으로는 강력한 비판을 수반한 IMF의 구제금융 대가인 초 긴축정책현상, 예컨대 초고금리, 초고환률, 격렬한 신용경색을 신속하게 극복하고 안정시켜야 했다. 다행히 IMF 구제금융, 외평채발행, 금 모으기, 대규모 국제수지 흑자 등으로 말미암아 보유외환이 급증하고 국제 신인도가 높아지면서 환율안정, 금리인하, 통화신용정책의 자유도가 높아져 신용경색이 급격히 해소되고 경기회복세도 빨라졌다.

다음에는 붕괴된 금융시장 안정과 경기회복세에 발맞춰 위기 뒤의 대개혁을 단행하는 것이었다. 마비된 금융시장틀 가운데 채권시장을 구축하고 기능을 잃었던 대부시장과 증권시장을 정상화함으로써 통화신용정책 전달기재의 효율화와, 시장친화적이고 독립적인 통화신용정책기조를 확보하는 것이 그 예다. 나아가 금융정책기조를 직접통제에서 간접통제로, 관치에서 시장중심으로, 전통규범에서 보편적인 세계규범으로, 높은 위험과 불확실성을 불러오는 정책운용과 거래(예 : 어음) 관행에서 안정화로, 국제 금융자본추종에서 독자적 선도산업으로 개혁하지 않으면 안되었다.

물론 금융시장과 결제시스템 그리고 물가안정만이 중앙은행의 직접 책임 영역이었으나, 선진화된 시장틀 구축과 운용, 금융정책기조의 효율화 업무에서 완전히 자유로울 수는 없다. 중앙은행은 언제나 직접 업무의 안정과 효율화를 통해서 구조개혁과 안정성장을 뒷받침해야 하고 또 그래 왔다.

그 결과 우리 금융산업은 위기대응적 구조개혁과정의 적응적 고통을 넘어 강력한 경제의지와 탁월한 현실적응력을 발휘하면서 위기를 대 전환의 계기로 삼았다. 그래서 자본충실화와 대형화, 경영의 투명성과 지배구조의 선진화, 업무의 정보화와 신용카드 등 새 금융상품시장의 급팽창, 새로운 금융기법 등 외환위기 이후 5년은 가히 서구 금융산업사(史) 1백 년과 맞먹는 발전을 이룩하였다.

그러나 아직도 금융산업이 기업임을 망각하고 자율 대신 암묵적 타율 선호의식이 잠재하며, 새 규범 적응적 고통수용을 회피하고, 정부계 금융회사가 비대하는 등 앞으로 풀어야 할 과제는 많다. 다만 탁월한 현실 감각과 현실적합성 높은 인식을 통한 정책이 아니면 혹독한 보복을 당할 수밖에 없다는 외환위기 교훈이 아직도 살아 있다. 그것은 진화든 혁명이든 발전을 위한 변화법칙이 아직도 유효하다는 것을 일깨워 준다. 우리는 역사에서 배우고 미래를 향해 대 변혁을 받아들이지 않으면 또 다른 위기에 직면하고 미증유의 고통과 함께 퇴화를 감수해야 한다는 것을 절감한다. 따라서 우리는 역사법칙에서 배우고 실천하는 지혜로운 민족임을 자부하면서 위기 극복에 자만할 수 없음을 늘 기억해야 한다.

(『한국금융신문』 1000호 발간 특별기고 2002. 7. 15)

12. 금융혁신 시대 선도를

폐허에서 탄생한 『금융』 지

한국 은행금융의 대변지인 『금융』 지가 3월호로 지령 600호를 맞이하게 되었다. 우리 『금융』 지가 창간된 해인 1954년 4월은, 3년 동안 같은 민족끼리 처절하게 죽이고 파괴한 한국전쟁이 휴전된 지 8개월째 되는 달이었다. 전후복구는커녕 국민의 마음도 추스를 수 없었고 정부기구와 행정질서도 아직 혼란의 와중이었다. 더구나 폐허가 된 실물경제는 물론이고 경제의 혈맥인 금융기능도 작동되기 어려웠다.

당시의 금융시장 상황은 은행중심의 대부시장 수준에 머물렀고, 입체적인 시장구조인 채권시장, 증권시장은 말할 것도 없고 외환시장의 형성은 더욱이 아득히 먼 것이었다. 그나마 유치단계였던 은행산업이 광복뒤 저발전단계의 경제를 지탱해 주었다. 이 은행들이 뜻을 같이하여 1948년 9월에 '사단법인 서울은행집회소'를 설립한 것만도 큰 뜻의 결실이었다.

더구나 한국전쟁 뒤 복구와 경제부흥의 기초인 금융활성화를 목적으로 금융의 ① 현상파악, ② 통화와 금융이론 연구, ③ 실무역량을 키울 목적으로 『금융』 지를 창간한 것은 당시로서는 선구적인 인식과 행동이었다. 전쟁 바로 뒤라 학술활동과 출판 등이 거의 불가능하였고 전문지는

커녕 대중지도 한두 개 발행하는 데 그친 시대였기 때문이다.

원대한 창간정신

『금융』지는 창간호의 권두언에서 1인당 소득이 50달러에도 미치지 못한 시대인데도 일제 식민통치 이전으로 거슬러 올라가 민족정신이 살아 있던 대한제국의 "거금(距今) 60년 전의 甲午更張" 정신을 이어받았다. 나아가 "국가경제의 기초적 건설과……민간경제의 조절과 윤택화"를 지향하는 원대한 뜻을 이어갔다.

그 뜻이 오늘에 살아 50년이 지난 지금, 우리는 선진국 대열에 들어가 1인당 소득은 1만 달러를 넘고 수출입은 세계 11, 12위에 이르며 금융자산은 국내총생산의 여섯 배를 넘어 세계시장진출이 눈에 띄기 시작했다. 이처럼 규모가 커지고 제도와 경영기법이 날로 나아지면서 우리 금융산업도 이론과 기법 그리고 정보유통의 신속정확성에 바탕을 둔 혁신을 하지 않으면 살아남기 어렵다. 따라서 이런 시대변화와 함께 50년 전에 창간된 대중지는 물론 전문지조차도 대부분 폐간 또는 합간되어 지금까지 창간 때의 이름으로 발행되는 경우가 거의 없다. 그리하여 지령 600호의 『금융』지가 더욱 빛난다.

또한 창간축사에서 당시 대한금융단장을 겸한 전 한국은행 총재 김유택 님은 먼 앞날을 내다보고 『금융』지가 선봉이 되어 금융인의 '지적 기술적 수준향상'에 이바지할 것을 다짐한 정신은 오늘에도 살아 있다. 권두언과 창간사가 밝힌 뜻을 오늘에 이어 유치기(幼稚期)의 금융현상과 이론수준에서 이제는 성숙기의 금융경제 선도를 위한 방법론과 이론을 폭넓게 펼지는 것을 어찌 자랑하지 않겠는가.

그러나 우리 금융산업은 1960년대 이후의 경제개발 기간 가운데 실물경제 발전을 뒷받침하던 30년 동안, 하나의 독립적인 산업으로 발전할 수 있는 기틀을 마련하는 데는 미치지 못하였다. 그 결과 1997년 정부의 경제운영 및 금융산업의 경영실패에서 비롯된 외환위기는 우리 현대금융사의 뼈아픈 상처였다. 그러나 위기는 곧 기회였고 지금 우리는 그 위기를 발판으로 제3의 대약진을 향한 전환기에 서 있다.

폭넓은 개방과 함께 외환위기 이후의 우리 금융산업은 강력한 구조조
정을 거쳐 성장력과 안정성을 되찾았으나, 구조는 전통적인 시장중심도
은행중심도 아닌 제3의 형태를 띠고 있다. 또 주식, 채권 등 각종 금융자
산과 파생상품거래를 넓혀 대규모 국제 금융자본의 유입과 금융구조 심
화가 지속되고 있다.

제3의 금융혁신 시대 선도를

이처럼 국내외 금융환경은 매우 빠른 속도로 발전하고 있다. 지난 20
여 년 동안 빠르게 보급된 정보통신기술 발전은 금융거래 비용을 크게
낮추어 금융소비자들의 편익을 높여주고 금융자산 축적에 속도를 더하
고 있다. 신속한 정보교환과 공유는 금융시장 사이의 위험도 빠르게 옮
겨가는 전염문제를 일으켜 시장의 불안정성을 높이고 있다.

국가간 금융투자, 파생상품거래, 외환거래 등 금융거래는 무역거래보
다 빠르게 성장, 통합되고 있다. 실물관련 투자자금이 아닌 포트폴리오
투자와 연관된 금융거래 관련 투자자본이 높은 비중을 차지하게 됨에 따
라 과거에는 금기시 되었던 자본의 국적성도 중요한 연구대상이 되었다.
또한 외국자본의 국내 금융시장 지배에 대응하여 국내 금융자본 형성이
중요과제로 떠올랐다.

이러한 금융산업 동향의 변화는 우리 은행산업에도 예외일 수 없다.
아직은 금융산업에서 은행산업이 중추적인 구실을 하고 있을 뿐 아니라
양적성장을 지속하고 경제성장을 이끌기 때문이다.

외환위기 이후 우리 은행산업도 이제는 국제적으로 겨룰 수 있는 수준
의 규모와 경영의식을 갖춰 가고 있다. 그러나 제도개혁은 법체계, 시장
구조 등 가시적인 하부구조 변화에 한정되기 쉽다. 성공적인 시스템을
구축하려면 경영규범, 행태, 의식 따위의 상부구조 개혁이 필수적이다.

금융은 본질적으로 미래지향적인 경제행위이기 때문에 불확실성을 안
고 있을 수밖에 없다. 따라서 정보의 판단과 예측에는 연구조사 그리고

그 판단을 담당하는 인적요소가 중요한 인자이다. 또 금융거래자들의 자기책임 원칙을 인식하는 금융규범이야 말로 금융인과 거래자의 건전한 금융거래를 뿌리내리게 하는 핵심 소프트웨어이다.

이처럼 성장 발전한 경제규모와 수준 그리고 금융산업의 위상으로 보아, 이제는 우리나라 금융산업도 스스로 부가가치를 만들어내는 기간산업으로 커나가야 한다. 금융산업의 시장구조와 행동도 다원성과 역동성에 바탕을 두고 지속적으로 발전하여 선진수준으로 뛰어올라야 한다.

다만 나라마다 경제발전 단계, 금융환경, 시장참가자의 인식과 거래관습 등이 매우 다르기 때문에 세계 각국의 은행제도도 하나의 형태로 수렴될 것인가는 알기 어렵다. 이와 같은 시대상황 변화를 정확하게 바라보고 운동원리를 추상하며, 그것이 지속적 발전전망과 정합성을 지니지 못할 경우 그 대응 정책을 개발해야 한다.

그러나 정부는 물론 우리 은행금융기관도 개별 은행단위 수준의 조사연구와 정보교류로써는 효율성과 신속성을 마련하기 어렵다. 따라서 오랫동안 그 구실을 맡아서 50년의 전통을 이어온 '전국은행연합회'가 앞으로도 그 구실을 계속해야 한다. 또 『금융』지가 600호를 발행해 오는 동안 그 구체적인 매개구실을 해 왔으므로 앞으로도 창간정신을 이어 선도적인 금융산업정보와 정책연구지 구실을 계속해야 한다. 그리고 필자는 이를 확신하며, 다시 한 번 『금융』지의 지령 600호를 축하한다.

(『금융』 지령 600호 특별기고 2004. 3)

13. 금융인의 윤리의식을 높이자

　지금부터 20년 전 필자가 학회 참석차 미국에 머물 때다.

　학회에 참석하는 가운데 친지교수의 차를 타고 여행하던 중에 희한한 글을 차창에 써 붙이고 다니는 미국인을 보았다. 내용은 "Wife yes, Dogs maybe, Rifles no!"였다. 필자의 미국문화 인식수준으로는 써 붙인 글의 내용을 이해할 수 없었다. 단어가 어려운 것도 아니고 문장이 긴 것도 아닌데 말이다.

　친지 교수도 이해하기 어려워서 결국 차를 세우고 그 운전자한테 무슨 뜻인가를 물었다. 답이 기절초풍할 내용이었다. "처·개·총을 버리라면, 먼저 처를 버리겠고(yes) 개는 생각해 보고 버릴 것이나(maybe) 총은 절대로 버리지 않겠다(no)"는 설명이다.

　처는 내 분신이며 함께 백년해로할 사람이고 가정을 지키는 기둥이다. 개는 애완용이기 때문에 요즈음 가치가 평가되기는 하나 우리의 음식문화로는 보신탕의 재료일 뿐이다. 더구나 치안수준이 높은 우리로서는 총을 지닐 필요도 없다. 그런데도 일부이겠지만 이런 미국 젊은이의 인식은 우리로서는 이해하기 어려웠다. 다만 다양성을 존중하는 미국 사회의 단면을 이해는 하나, 이런 의식을 지닌 젊은이가 지극히 일부이기 때문에 미국이 발전할 것이라는 생각을 떨치기는 어려웠다.

그러나 개인이든 집단이든 이런 생각의 흐름이야말로 한 사회의 진로를 결정한다. 어느 시대 어느 사회에서도 사회구성원의 집단적 생각의 흐름, 즉 지배적인 사회사상 또는 직업의식이 있게 마련이다. 기업, 정부, 사회 등을 구성하는 집단적 생각의 흐름은 시대를 이끌 수도 있고 시대발전을 거스를 수도 있다.

시대사조가 진취적이고 창조적이면 그 사회는 발전할 수 있는 반면에, 퇴행적이거나 비생산적인 사회사상이 지배하는 사회는 발전할 수 없다. 따라서 집단적인 생각의 흐름 가운데 바람직하지 않은 것은 소멸되고 바람직한 생각의 흐름이 한 사회를 지배해야 한다. 물론 집단적인 생각의 흐름이 바람직하다고 해서 그 사회의 발전이 반드시 보장되는 것은 아니다. 그래도 인류 역사상 높은 발전수준을 보인 자본주의 속에는 강한 성취동기와 끊임없는 창조 그리고 축적을 정당화하는 진취적인 집단의식 즉 경제윤리가 배어 있다.

자본주의 발전을 밑받침한 경제윤리의 원류는 M. 루터보다는 J. 칼뱅의 사상에서 찾을 수 있다. 루터가 독일적이며 농촌적·보수적이라면 칼뱅은 프랑스적이며 도시적·진보적이었다. 특히 칼뱅은 상공업의 발전을 적극 권장했다. 칼뱅의 인간상은 자본주의 시대의 강철 같은 청교도이다. 그리하여 칼뱅주의가 자본주의 발전을 밑받침한 경제윤리의 뼈대를 이룬다. 칼뱅주의는 A. 스미스의 예정조화설로 이어졌다. 칼뱅주의는 시민을 봉건적 속박으로부터 해방시키는 원동력이었고 자기 직업을 천직으로 인식하며 경제적 자유와 축적의 정당성을 이루어 오늘날 서구의 선진화를 이끌었다.

사실 우리에게도 부의 축적이 '선'이라는 생각의 흐름은 철저히 유입되었다. 이런 집단적 생각의 흐름 자체는 결코 나쁘지 않다. 축적욕구가 없으면 경제발전의 기본인 위험감수와 투자 그리고 근검절약의 유인이 일어나지 않기 때문이다. 그러나 축적욕구가 그 과정의 정당성을 무시하는 성향은 발전 역행적이다. 부정부패, 사행행위, 투기 등 비생산적 부의 축적에 대한 반윤리적 의식의 내재가 그 예다.

부의 축적이 정당화되는 것은 그 축적과정의 정당성과 함께 부의 사용에서도 정당성을 요구한다. 우리의 경우 부의 소유 내지 소비에도 도덕성이 내재한다는 것을 인식하지 못하는 경우가 많다. 특히 축적된 부를 본인의 사용 수준을 넘어 혈족에 증여·상속하는 것이 최대의 선으로 인식되는 경향이 있다. 반면에 사회적 기부문화는 매우 약하다.

그 결과 부에 대한 사회적 이해도도 매우 약하다. 저소득층의 성공한 부의 축적자에 대한 반감도 매우 강하여 사회적 통합을 저해한다. 이것이 천민자본주의 현상의 단면이다.

물론 우리에게도 좋은 정신적 의식자산이 있다. 그것은 강한 성취동기와 탐구정신이다. 그러나 앞에서 말한 점들은 하루빨리 바로잡아야 한다. 특히 신자유주의 세계화 과정에서는 축적과정과 직업에 대한 높은 정신가치 확립이 시급하다. 생산적 투자·수출·혁신의 선도를 위해서라도 건전한 경제윤리와 올바른 가치관을 세울 필요가 있다.

우리 금융인에게도 강한 경제윤리 부재, 즉 경영에 실패하거나 부적절한 업무과정, 시스템 빛 직원 또는 외무사건 때문에 우리가 송사하고 있는 금융기관에 직간접적으로 손실이 일어날 위험이 있다. 이것을 운영 리스크라고 부른다.

영국은행협회(BBA)와 국제결재은행(BIS)의 바젤위원회가 제시한 바에 따르면, 운영 리스크는 내부리스크와 외부리스크로 나뉜다. 내부리스크에는 과정위험, 인적위험, 시스템위험 등이 있다. 외부리스크에는 외부충격위험과 물리적 위험이 있다.

과정위험에는 부적절한 업무과정과 업무 사이의 부조화로 빚어진 회계처리오류, 보고오류, 결재오류, 가치평가의 오류 등이 있다. 인적위험으로는 부적절한 인사관리, 부적절한 직원교육 및 통제 등이 있다. 특히 인적위험은 직업윤리와 높은 관련이 있다. 직장인의 직장에 대한 충성도 즉 직장이 성장 발전해야만 자기 직업이 보장되고 삶의 가치를 실현할 수 있다는 윤리의식이야 말로 인적위험을 낮출 수 있는 핵심적인 요소다. 시스템위험은 전산관리 오류가 핵심적인 요소다. 외부위험은 다양한 요소로 구성되나 여기서 말하는 윤리의식과는 직접 관련이 없다.

이런 운영위험 가운데 인적위험 요소인 부적절한 인적관리, 직원에 대한 불충분한 교육말고도 직업윤리의식이 약하여 횡령, 사기, 업무지식 부재로 말미암은 배임 등을 일으켜 금융기관에 손실을 끼치는 경우도 많다. 이것이야말로 관리하고 배격하여야 할 운영 리스크 가운데 하나이다.

이런 운영 리스크는 금융인이 지녀야 할 윤리의식의 부재 때문에 생겨난다. 능력을 넘는 과시적 소비욕구, 상류층의 생활방식 선망 등이 자칫 윤리의식을 마비시킨다. 삶의 가치는 결코 과시·선망으로 실현되는 것이 아니다.

우리 금융인들이 경제발전에 어떻게 이바지하는지를 스스로 인식함으로써 정체성을 확립하는 게 우리 직업윤리의 핵심이다. 그래서 필자는 우리 금융인이야말로 금융인이라는 사실만으로도 충분히 자부심을 지킬 수 있으리라고 믿는다. 자부심이야말로 윤리의식 확립과 행동의 정당성을 밑받침하는 중요한 요소이기 때문이다.

어느 시대 어느 사회에서나 진취적이고 창조적인 집단적 생각의 흐름들 가운데서 진취적인 윤리의식이야말로 발전의 기본요소이다. 외환위기 이후 구조개혁의 고통을 감수한 우리 금융인이 이제는 그런 고통을 반복하지 않기 위하여 윤리의식의 고양을 통해 자부심을 지킬 때이다.

(『금융』 603호 2004. 6)

14. '자유무역협정' 이후의 농정

세계는 다자간 무역자유화 체제의 약점을 보완하기 위해 쌍무협정을 통한 자유무역협정(FTA) 방식을 넓히고 있다. 우리 정부도 칠레를 시작으로 일본, 싱가포르 등과 자유무역협정을 맺고 세계적인 흐름에 동참한다는 계획이다. 이에 따라 농업노 더 이상 보호뇌지 않는 시상산업으로 편입되고 있다. 세계시장에 노출되면서 불확실성과 위험이 높아진 우리 농업도 이제는 구조조정의 열풍에 대응해야 하는 때가 온 것이다.

아무리 효율적인 시장도 불확실성과 위험을 피할 수 없다. 특히 시장 참가자 수가 많고 시장정보 수집과 대응에 신축성이 떨어지는 농업으로서는 그 강도가 더욱 강할 수밖에 없다. 소비자 기호, 경쟁국의 농업조건, 가공품의 시장조건 등 개별 농업인이 접근하기 어려운 수준의 정보 없이는 시장경쟁력을 갖추기 힘들다. 우리 농업인들은 내 패만 알고 남의 패는 모른 채 막대한 판돈이 걸린 도박을 하는 셈이다. 이 도박에서 지면 시장퇴출의 불이익을 감수할 수밖에 없다.

개방화 시대 시장구조의 특성은 총공급이 총수요보다 커질 개연성을 지닌다는 점이다. 따라서 생산 못지않게 시장가치 실현이 중요해지고 있다. 하지만 농산물은 공급이 과잉되면 생산자가 공산품처럼 생산량 감소로 대응하는 공급조정이 어렵기 때문에 가격폭락, 즉 지출보다 소득이 줄어드는 어려움을 겪어야 한다.

시장의 총체적 이득 또는 비용은 시장 구성원 사이의 개별 이득 또는 비용의 합과 일치하지 않는다. 자유무역협정의 경우 경쟁력이 높은 공산품 수출을 촉진함으로써 농산물 수입에 따른 손실을 초과하고 총체적 이득을 가져온다. 그러나 농업인, 특히 정보 수집력과 시장상황 대응력 및 직업 전환력이 매우 낮은 탈농자의 개별 손실을 국가정책으로 충분히 보상하기는 결코 쉽지 않다.

따라서 자유무역협정의 확대에 맞춰 농정방향도 시장체제 아래의 농업이 지닌 취약점을 보완, 농업인들의 적응력을 높이도록 인프라를 구축하는 데 초점이 맞춰져야 한다. 이미 발표된 농가 지원책, 즉 자유무역협정 이행 특별기금 조성, 세이프가드 발동, 원산지표시 강화 등은 필요하고도 적절한 조치지만 결코 충분한 것은 아니다. 그러므로 추가대책은 보호되지 않는 시장에 노출된 농업의 취약점을 보강하는 방향으로 마련돼야 한다.

먼저 정부는 농산물시장의 불확실성과 위험에 대한 농업인들의 적응력을 높여주는 데 역점을 둬야 한다. 또한 농업인들의 시장실패를 줄이도록 효율적인 농업관련 정보·기술·생산·유통·가공체제를 마련해야 한다.

농산물 생산·공급 과잉 때 가격폭락에 대응할 수 있는 물량 조절 능력을 높이는 정책의 실효성 확보도 시급하다. 적어도 전략적 작목은 조합별 또는 지역별로 매입·저장·가공 등을 위한 충분한 보험기금을 설치해야 한다.

아울러 자유무역협정에 대한 대응농정의 한 축은 농업인에 대한 직업 전환능력 배양과 농업인 스스로의 적응 노력이다. 다만 평생을 농사일만 해 온 농업인의 경우 직업 전환 능력이 거의 없기 때문에 사회안전망 강화로 뒷받침해 줘야 한다.

자유무역협정과 도하개발아젠다(DDA)는 농업의 시장화를 더욱 부채질할 것이다. 적응의 성패는 시장조응(照應)적 농정과 농민의 효율적 대응에 달려 있다. 농업인과 농정의 지혜에 기대를 건다.

(『농민신문』 '전철환 칼럼' 2003. 3. 1)

15. 불확실성과 농정철학

우리 농업이 생계형에서 시장형으로 바뀐 지도 벌써 오래다. 이른바 자본제적 농업생산 양식으로 바뀐 것이다.

게다가 빨라지고 있는 시장개방은 우리 농업이라고 해서 예외가 아니다. 이에 따라 농산물의 공급과 수요는 수출과 수입을 포함한 총량에 따라 가격이 조절되는 시대로 접어들었다. 이 가운데 농산물의 총수요는 꽤 안정적인 데 반해 국내 생산과 공급은 농업 기반조건과 기상 등 자연조건, 생명과학과 영농기술 등 넓은 의미의 기술조건에 큰 영향을 받고 있다. 특히 농산물은 가격에 따라 작목의 선택과 생산량이 조절된다. 다시 말해서 수요보다 불안정성이 크다.

이 같은 농업경영 환경의 변화는 증산 위주였던 농업인들의 의식을 소득 중심으로 바꾸었다. 또한 자본축적과 기술문제는 인위적인 노력으로 극복할 수 있는 수준에 이르러 불확실성이 거의 없는 요소로 바뀌었다.

그러나 자연재해는 아직도 생산을 불안정하게 하는 1차적 불확실성 요소로 남아 있다. 기상관측, 생명과학, 생화학 등의 발전으로 1차적 불확실성 요인이 크게 줄었다고는 하지만 아직도 넘어야 할 산은 많다.

농업의 또 다른 문제는 가격의 불안정성이다. 이는 농업 소득의 불확실성을 일으키며 시장의 불확실성과도 연계된다.

뿐만 아니라 우리 농업은 우루과이라운드(UR)협상과 세계무역기구 (WTO)체제 출범, 특히 도하개발아젠다(DDA)가 진행되면서 수입개방 극복을 과제로 남겨 놓았다. 작목과 생산량 조정 등 농업 진로를 바꿔야 하는 데 따른 산업체제 전환의 불확실성도 뒤따른다. 더구나 농정이라는 것이, 본디 시행된 뒤 일정시간이 지난 다음에 합리성과 효율성을 잃게 되면 정책의 일관성을 해치게 마련이다. 농업정책의 일관성 상실은 우리 농업이 직면하는 3차 불확실성 요인이다.

농산물의 생산·판로·가격을 확실하게 예측할 수 있는 농업인은 작목 선택과 생산량을 안정적으로 결정할 수 있고, 영농의욕은 더욱 강해진다. 그러나 불확실성이 크면 소득 실현의 실패위험 때문에 영농의욕은 꺾일 수밖에 없다.

따라서 우리 농업의 진로는 이 세 가지 불확실성을 최소로 줄이고 예측이 가능한 영농으로 나아갈 수 있는가에 따라 결정된다고 해도 무리가 없을 것이다. 만일 불확실성이 최소화되고 생산량·판로·가격의 관측이 가능해지면 농가는 훨씬 안정적인 영농활동을 할 수 있을 것이다.

필자는 농업전문가와 농정 당국이 우리 농업이 직면한 이 세 가지 불확실성 과제를 모른다거나 과소평가한다고 보지는 않는다. 오히려 필자보다도 훨씬 더 잘 알고 그 극복이 절박하다는 사실을 충분히 인식하고 있다고 본다.

다만 불확실성 요소를 줄이기 위한 연구인력 확보와 정책개발에 충분히 투자하는 일이 절실하다. 예컨대 기술혁신과 함께 자연재해를 줄이기 위한 노력은 자연적 불확실성을 상당히 줄일 수 있을 것이다. 또 농업관측기법 개발과 농산물 수급조절기술을 높이면 농산물시장의 불확실성도 훨씬 줄일 수 있을 것이다. 나아가 예측 가능한 개방 시기 및 수입량을 충분한 시간을 두고 미리 알리고 심사숙고하면서 다른 농정의 일관성을 지킬 수 있으면, 적응력이 높은 우리 농업기술로도 경쟁력 있는 농업으로 재편될 수 있을 것이다.

우리 농정이 맞닥뜨린 과제는 이 세 가지 불확실성 요소를 최소화함으로써 안정적 영농이 가능하도록 혁신을 지속하는 것이다. 이것이 시장의 무정부성으로 말미암은 불확실성과 위험을 줄여 안정영농 기반을 다질 수 있는 농정철학이다.

(『농민신문』 '전철환 칼럼' 2003. 3. 28)

16. 쌀과 국민경제

지금 우리 농민은 쌀수입 관세화(완전개방)냐 아니면 관세화유예 즉 한정개방이냐의 협상결과에 초미의 관심을 쏟고 있다. 우르과이 라운드 (UR) 협상 완료 뒤 10년이 지났기 때문에 재협상을 통하여 완전개방 여부를 결정해야 하기 때문이다. 이미 쌀 새협상 희망국가로 중국, 미국, 호주 등 8개 나라가 신청해 왔다.

물론 우리 정부와 농민은, 적정수준의 관세화 유예뿐 아니라 관세화하더라도 수입쌀 재고량이 벌써 2백50만 석에 이르는데다가 재고량의 계속된 증가로 골머리를 앓고 있기 때문에, 최소접근수입물량도 최소화하기를 열망하고 있다. 그러나 협상 자체도 힘든 일이지만 쌀 재협상말고도 도하개발아젠다(DDA)가 이어지기 때문에, 우리 농민과 정부의 희망을 협상결과에 반영하는 데에 매우 험난한 길이 펼쳐져 있다.

그래도 우리는 최대의 관심과 최선의 협상력을 발휘해 주기 바란다. 주요 경쟁국보다 국내 쌀값이 아직도 네다섯 배 정도 높기 때문에 개방폭이 확대되는 만큼 쌀농사를 계속 짓는다는 건 사실상 불가능하기 때문이다.

물론 우리 국민 특히 농민에게 쌀만큼 좋은 농산물은 없다. 우리는 올해가 UN이 정한 '쌀의 해'라는 점에서 국제적 인식도 소홀히 할 수 없는데다가 쌀이 결코 단순한 먹거리 상품이 아니라는 것을 잘 알고 있다. 국제적으로도 쌀은 '삶이며 문화'이고 지구상의 기아인구 8억을 구하려면 쌀 생산의 국제적 공조말고는 더 효율적인 대안이 없다는 것도 알고 있다.

하물며 우리에게서 쌀이야말로 국제적 인식보다 더 중요한 먹을거리이고 생명이다. 우리의 선조는 1만 3천 년 내지 1만 7천 년 전부터 이미 쌀을 주식으로 해서 살았다. 더구나 세계에서 가장 오래된 볍씨가 충북 청원군 소로리에서 발견된 것은 쌀의 민족사적 중요성을 말해 주는 증거이다.

그러나 이제 우리 경제가 선진산업구조로 바뀌면서 지금은 농민 수는 물론이고, 농업 그것도 쌀이 국민소득에서 차지하는 비중은 날로 줄어들고 있다. 다만 농민 삶의 경제적 바탕인 농가 소득 가운데 쌀이 농업 소득에서 차지하는 비중은 결코 크게 줄지 않고 있다. 그만큼 쌀은 우리 농업에서 중요한 지위를 차지함을 뜻한다.

우선 농업과 벼의 대 GDP 비중을 보면 한국전쟁 전후 우리가 아직 최빈국이고 농업국가 수준에서 벗어나지 못했을 때는 농업생산 비중(명목)은 39퍼센트였고, 벼 비중은 19퍼센트에 이르렀다. 그러나 산업화가 진행되면서 농업과 벼의 비중은 계속 줄어들어 1980년에 이르러 농업 비중이 12퍼센트, 벼 비중은 3퍼센트대로 떨어졌다. 작년에는 농업 비중이 2.6퍼센트, 벼 비중은 1퍼센트에 지나지 않았다.

1인당 양곡소비량도 1960년에는 연 1백67킬로그램이었던 것이 1975년 2백7킬로그램을 정점으로 지금은 크게 줄어들어 1백42킬로그램에 지나지 않는다. 1인당 쌀 소비량도 1980년 1백32킬로그램을 최대로 해서 지금은 83킬로그램에 지나지 않는다.

그 결과 쌀 생산량도 1985년에 최대 5백63만 톤에 이른 뒤 계속 줄어들어 2003년에는 4백45만 톤이었다. 식량 자급률은 50퍼센트 미만으로 떨어졌으나, 쌀 자급률만은 1960년 이래 1995년에만 91퍼센트로 최저였고 그해말고는 그 밑으로 준 일이 없이 거의 자급한 해가 많았다. 쌀 생산량

[표1] 농업과 벼의 대GDP 비중

	명목		실질		2) 쌀 생산량 (톤)	3) 쌀 가격 (원/톤)	4) 식량 자급률 (%)	4) 쌀 자급률 (%)	4) 1인당 양곡소비량 (kg/연)	4) 1인당 쌀 소비량 (kg/연)
	1) 농업 비중 (%)	벼 비중 (%)	농업 비중(%)	벼 비중 (%)						
1953	39.0	19.1	22.5	13.5	2,035,580	6,050	··	··	··	··
1955	36.7	23.6	22.4	17.8	2,957,037	10,975	··	··	··	··
1960	30.3	16.8	20.3	15.6	3,046,546	17,100	98.6	100.8	167.2	112.7
1965	31.3	21.0	19.6	13.1	3,501,132	41,550	98.8	100.7	188.8	121.8
1970	22.2	11.0	13.9	9.0	3,939,260	72,300	86.1	93.1	219.4	136.4
1975	20.8	10.2	12.4	7.5	4,669,098	229,588	79.1	94.6	207.3	123.6
1980	11.6	5.0	7.5	3.4	3,550,257	595,788	69.6	95.1	195.1	132.4
1985	9.9	4.1	7.5	4.1	5,625,874	810,525	71.6	103.3	181.7	128.1
1990	6.7	2.8	4.9	2.7	5,605,979	1,189,450	70.3	108.3	167.0	119.6
1995	4.9	1.4	4.1	1.6	4,694,956	1,430,375	55.7	91.1	160.5	106.5
2000	3.7	1.4	3.7	1.4	5,290,771	2,066,500	55.6	102.9	153.3	93.6
2001	3.4	1.3	3.6	1.4	5,514,796	2,011,850	56.8	102.7	145.5	88.9
2002	3.1	1.1	3.2	1.2	4,926,746	1,956,425	58.3	107.0	144.0	87.0
2003	2.6	0.9	2.9	1.0	4,451,135	2,024,950	50.9	97.5	142.1	83.2

1) 농업은 재배업과 축산업의 합
2) 쌀 생산량은 국립농산물품질관리원(www.naqs.go.kr)의 '연도별 쌀 생산량'
3) 쌀 가격은 한국은행 물가통계팀 쌀 도매가격 조사 자료
4) 식량 자급률, 쌀 자급률 등은 농림부 식량정책과 자료. 식량 자급률(생산/소비)은 사료용 소비 제외
자료 : 한국은행

이 줄어들었음에도 쌀 자급률이 결코 더 떨어지지 않는 까닭은 경제성장과 소득증가에 따라 식생활이 쌀 이외의 곡류 또는 육류로 바뀌었기 때문이다(표1 참조).

따라서 지금까지 살펴본 것처럼 양적으로만 보면 주곡의 위상 그것도 국민경제적 위치는 계속 떨어져서 이제는 무시할 수준이라고 볼 만하다.

그러나 필자는 결코 그렇게 생각하지 않는다.

벼농사의 환경보전기능, 국민정서순화기능, 도시민을 끌어들이는 녹색 관광 및 지역산업 육성 가능성은 이미 널리 알려진 중요성이다. 그러나 그보다는 국제적 쌀 생산국이 천재지변, 내우외환으로 흉년이 들었을 경우 쌀의 소비탄력성이 매우 낮은 것을 감안할 때 쌀값이 폭등하고 그나마도 조달이 불가능하여 국민생명을 좌우할 수 있다. 더구나 쌀 생산국이 담합을 통하여 쌀을 무기로 삼을 때 국가적 위기는 상상하기 힘들 만큼 엄청나다.

또한 아직도 벼농사는 마지막 남은 우리 농민의 주소득원이기 때문에, 그 중요성은 GDP대비 양적비중의 저하보다 크다. 비록 농가수가 작년에는 1백26만 호 수준으로 떨어지고 있으나 0.5헥타르 미만의 소농이 35퍼센트에 이르고 이들의 주소득원이 아직도 벼농사이기 때문이다.

1965년 농가 소득 가운데 쌀 소득 비중은 38퍼센트였으나 작년에는 20퍼센트 수준으로 떨어졌다. 그러나 농업 소득 가운데 쌀 소득 비중은 1965년에도 48퍼센트였고, 2001년에 54퍼센트를 정점으로 해서 작년에는 47퍼센트로 40년 동안 큰 변동이 없다. 그만큼 쌀은 국민경제적 위치에서보다 농업 소득에서 차지하는 비중은 아직도 높은 중요성을 띠고 있다(표2 참조). 또한 고도산업화와 무역입국을 통하여 작년만 해도 경상수

[표2] 농가 소득 가운데 쌀의 비중 (단위 : 천원)

연도	농가 소득(A)	농업 소득(B)	쌀 소득(C)	쌀 소득 비중	
				(C/A)	(C/B)
1965	112	89	43	38.4	48.3
1970	256	194	88	34.4	45.4
1975	873	715	310	35.6	43.5
1980	2,693	1,755	741	27.5	42.2
1985	5,736	3,699	1,824	31.8	49.3
1990	11,026	6,264	3,097	28.1	49.4
1995	21,803	10,469	3,984	18.3	38.1
2000	23,072	10,897	5,671	24.6	52.0
2001	23,907	11,267	6,051	25.3	53.7
2002	24,475	11,274	5,289	21.6	46.9

자료: 농림부

지 흑자가 70억 달러에 이르렀는 데 반하여, 농수산물 무역적자는 92억 달러에 이르러 농수산물 경쟁력 확보의 중요성은 국제수지 면에서도 간과할 수 없다. 더구나 우리 식탁을 외국 특히 중국산이 점령하고 있는 점은 민족정서는 물론이고 국민건강을 위해서도 그냥 흘려 넘기기 어렵다.

그러나 쌀 관세화를 개방할 경우, 수입 주곡이 우리 식탁을 차지함은 물론 쌀 농가의 도산과 농민의 희생은 이루 말할 수 없이 클 것이다. 시대의 흐름이 경제적 효율화를 중시하고 농업과 농민의 정체성은 차츰 약화되고 있는 것을 결코 모르지 않는다. 그러나 쌀이 농가 소득에서 차지하는 위치와 벼농사의 비경제적 기능을 소홀히 할 수는 없다.

농업과 벼농사의 생잔과 성업은 생명논리로 본 자연의 섭리이고 '삶과 문화'를 존중하는 길이기도 하다. 쌀 재협상이 비록 힘겹고 어려운 싸움이지만 협상팀의 지혜와 외교역량을 믿고자 한다.

농정당국과 농민은 쌀의 품질혁신과 다른 특화 농업의 경제성 확보를 통하여 이 개방위기를 정면으로 돌파할 수 있는 농업기술혁신과 위험관리 역량을 발휘해 주길 바란다. 우리 국민은 쌀 사랑과 우리 섯 시키기를 생명윤리로 하여, 결코 요란한 선전과 캠페인 속에서가 아니라 마음속에서 유구한 쌀의 역사가 지켜지기를 바란다.

(『농민신문』특별기고 2004. 1)

17. '아시아의 스위스'를 꿈꾸며

우리는 흔히 상황이 바뀌어도 지난날의 관성 때문에 변화를 외면해 적응과 발전에 실패한다. 반대로 변화를 빠르게 감지하고 적응에 따르는 고통을 잘 이겨내면 앞서 발전해 갈 수 있다. 요즘 시련에 빠진 우리 농촌의 활로를 찾는 일도 이러한 '변화와 적응의 법칙'에서 예외가 아닐 것이다.

우리 사회는 이미 인구학적으로는 저출산과 고령화 시대로, 사회학적으로는 탈노동, 질 높은 여가, 문화향수는 물론이고 자연으로 회귀하는 것에 높은 사회적 경제적 가치를 부여하는 시대로 옮아가고 있다. 그것은 단순히 모든 생물이 지니는 귀소본능(歸巢本能)의 수준을 넘어선다.

제한된 공간 속에 반복되는 동일노동과 숨쉬기 힘든 도시공간, 삶의 비효용이 현대문명과 소득향상에 수반하는 효용을 능가하기 시작한 것이다. 따라서 지금은 주5일 근무로 상징되는 과도한 노동으로부터 해방, 그리고 도시로부터 탈출성향이 도시민의 삶의 질 개선 욕구의 핵심 요소로 떠오르고 있다.

한편 우리 농업은 빠른 농업기반 구축, 작목변경, 영농기술 향상 등으로 경쟁력을 높여 왔다. 그렇지만 가속되는 개방과 혁신이 우리 농업, 농촌, 농민을 매우 힘겹게 만든다.

그 결과 생산성이 높아지고 증산은 돼도 소득과 연결되지 못하여 농업의 교역조건은 계속 나빠지고 있다. 더구나 농촌 지역의 과소화와 문화의 지체, 농민의 고령화와 농촌이탈은, 농업, 농촌, 농민문제를 분화시켜야 할 현실적 과제를 농정에 던져주고 있다. 이처럼 농정을 둘러싼 안팎의 여건 변화에 적응하며 실효성을 높일 수 있는 농촌활성화 대안의 하나가 곧 '그린투어리즘(Green Tourism, 녹색관광)' 아이디어이다. 그러나 우리 주변에는 녹색관광이 실효성을 지니기에는 많은 장애 요소가 널려있다. 아직은 산업사회의 수요에 적응하는 초기 단계의 아이디어 내지 구멍가게 수준의 관광지화를 벗어나지 못한 탓이다.

녹색관광 산업을 제대로 키우려면 첫째로 비교우위를 지니고 지역 특성에 맞는 체계적인 개발을 위한 '전국 녹색관광 산업화 기본구상(가칭)' 수립에 합의할 필요가 있다. 다만 계획 작성 아이디어와 자료 제공 및 시행은 지자체가 독립성을 지니고 추진하여야 한다.

둘째, 중앙정부는 농촌의 '녹색관광 산업화'를 단순히 농업, 농민, 농촌을 살리기 위한 것으로만 바라보아서는 안 된다. 그것은 후기산업 시대에 인간 삶의 수준 개선을 받아들이는 인간중심 정책의 핵심이기 때문이다. 불경기 내지 디플레이션기에 녹색관광을 위해 기반시설, 작목, 유통, 취락구조, 레저설비, 농촌의 문화·관광시설 등 사회간접자본(SOC)에 투자하는 것은 농촌문제를 넘어 경기대응 투자의 최선이자 절호의 기회이다.

셋째, 효율적이고 현실적합성이 높은 시책을 위해서는 복잡 다기화된 규제 완화와 원스톱(one-stop) 행정체계를 시급히 정비하여야 한다. 다만 환경파괴, 볼썽사나운 간판난립 등은 규제를 받아들여야 한다.

끝으로 농촌의 녹색관광 산업화에 필요한 투자촉진과 함께 관광산업 경영기술 습득, 관광요원으로서 서비스정신 키우기, 이를 위한 교육 및 인성 개발은 매우 절박하다. 우리에게는 직업인으로서 프로 정신과 긍지가 매우 약한 경우가 많다.

농촌활성화를 위한 탁월한 발상의 전환이 될 녹색관광 산업이 현실성

높은 계획과 시행으로 이어져 전 농촌이 살기 좋고 가보고 싶은 녹색장
원(莊園)으로 조성된 '아시아의 스위스'가 되기를 바란다.

(『농민신문』 '전철환 칼럼' 2003. 6. 13)

18. 개방화 시대 농업 생존전략

우리 농업은 우루과이라운드(UR) 체제 출범 이후 불확실한 미래와 힘겨운 생존싸움을 벌이고 있다. 이전에는 저생산성과 빈곤에 시달렸을망정 농산물을 팔지 못해 걱정하거나 불안에 떨지는 않았다. 오히려 고생산성·고품질·다양화에 희망을 걸 수 있었다. 그러나 지금은 지난날 공급자가 쥐었던 농산물시장 주도권을 수요자에게 빼앗겨 버렸다. 더욱이 많은 품목은 생산비조차 건지기 어렵게 됐다.

그동안 우리 농업인들은 기술의 획기적인 향상을 통해 생산성과 다양성은 물론이고 품질 또한 크게 높여 왔다. 반면에 인구증가율은 크게 둔해지고 1인당 절대소비수준은 정체를 넘어 감소세를 보이고 있다. 또한 소득수준 향상과 생활형태의 변화는 식품소비 유형을 서구화하여 농산물 수급상황을 크게 바꿔 놓았다. 게다가 값싼 해외농산물이 물밀듯이 수입되면서 가격경쟁 열위에 있는 국산농산물의 가격 폭락을 막는 것조차 어렵게 되었다. 우리 농업이 성장역설의 직격탄을 맞은 셈이다.

개방화·자유화·경쟁에 뒤따르는 공급과잉에 대응하면서 우리 농업이 스스로 살아남을 수 있는 길을 모색하기 위해 잠깐 시장의 특성을 살펴보자.

시장에서 공급(수요)이 수요(공급)를 넘어선다는 것은 가격조정 신축성이 떨어졌다는 것을 뜻한다. 그러므로 수급균형을 유지하고 공급과잉을 해소하려면 가격신축성을 되찾아야 한다. 하지만 농산물시장에서 가격신축성이 회복되면, 즉 농산물가격이 떨어지면 공급자인 농업인의 소득은 줄어들게 된다. 이럴 경우 대부분의 국가는 소득보전을 통해 농가손실을 만회해 준다. 이때 각 농산물별로 가격신축성 회복에 대응하는 소득을 보전해 주면 도덕적 해이를 불러올 수 있으므로 농가별 직불제도 구축이 바람직하다.

농업인들도 국민소득 향상에 뒤따르는 시장변화와 끊임없이 변하는 소비자 기호를 조사해 이를 충족시켜 줘야 한다. 또한 상표와 품질 등에 관해 끊임없이 널리 알리고, 수입농산물과 견주어서 차별화된 고품질 농산물을 시장에 내놔야 한다. 이를 농업인들이 저마다 수행하기는 매우 힘들다. 따라서 작목별 수요조사와 품질보증을 맡는 기구의 설치와 기존 농업관련 조직의 기능전환이 필요하다.

농산물의 계절적 수급불균형, 즉 공급과잉을 해소하려면 농산물 공급시기의 조절과 함께 저장성을 높여야 한다. 기술적 저장성을 높이는 것 말고도 저장기간 동안의 금리나 보관료 부담체계도 보완해야 한다. 나아가 하나의 농산물이 다양한 품질로 생산되면 차별적 소비계층에 따라 소비시장이 다양화될 수 있다. 이에 맞게 차별적 소비시장 구축 방안과 또한 차별적 소비시장과 규모의 경제 사이의 차이를 극복할 수 있는 보완책도 필요하다.

사실 정부, 농업전문가, 농업인 모두 농산물 공급과잉에 뒤따르는 가격조정 신축력 저하에 대한 대응책을 알고 있다. 그러나 세계화된 지금 우리 농업인이 원하는 정책이 다른 정책 또는 외국 농업인의 이해와 충돌하기 때문에 우리 정부가 우리 농업인만의 이익을 보장하기는 어려운 게 현실이다.

다만 개방화가 시대의 흐름이더라도 정부는 당연히 개방 이전에 비교열위 농업의 구조개혁을 통해 비교우위를 확보할 수 있는 대응기반을 마런해야 한다. 아무리 좋은 정책도 경제주체 스스로 경쟁력을 높이고 신축성 있게 대응하는 것만은 못하기 때문이다.

(『농민신문』 '전철환 칼럼' 2003. 7. 25)

19. '칸쿤협상'에 쏠린 눈과 귀

필자는 1997년 여름, 마야문명의 마력에 이끌려 멕시코 내륙을 답사한 뒤 유타카반도의 작은 해변도시 칸쿤에 머문 적이 있다. 칸쿤은 절세미인의 유혹에 견줄 만큼, 눈부신 에메랄드빛의 맑은 바다가 넘실거리고, 다이아몬드처럼 반짝이는 백사장이 펼쳐진, 게다가 따가운 햇볕이 내리쬐는 아름다운 해변도시이다.

그 칸쿤의 아름다움이 올해는 힘세고 날쌘 벌과 불안에 움츠리는 나비를 끌어들이고 있다. 벌 같은 부국들이 막강한 경제력을 앞세워 나비 같은 개도국의 팔을 비틀려는 세계무역기구(WTO) 제5차 각료회의가 이곳에서 열리기 때문이다. 미국과 유럽연합(EU)은 이번 각료회의에서 농업협상 세부원칙에 합의하고 교착상태에 빠졌던 도하개발아젠다(DDA) 농업협상을 마무리해 그들의 잇속을 챙기려는 의도를 숨기지 않고 있다.

미국과 유럽연합이 도하개발아젠다 농업협상의 실질적인 주도세력이기 때문에 미국과 유럽연합의 절충안 또는 카스티요 세계무역기구 일반이사회 의장의 수정안을 중심으로 각료회의가 종결될 가능성이 크다. 이 두 개의 안 모두가 우리 농업에는 매우 불리한 내용을 담고 있는데다 우리가 바랐던 개도국지위 유지 관철도 매우 어려운 실정이다.

부국의 힘 앞에서 우리 농업을 지키려는 논리는 오직 농업의 비교역적 관심대상(NTC) 또는 다원적 기능을 무기로 하는 수밖에 없다. 이를 바탕으로 한국 농업이 개도국지위를 유지할 수 있는 논리를 펴고 한편으로는 고도의 외교 협상력을 펴야 한다.

한쪽에서는 외교상황과 농업협상 기류를 볼 때 개도국지위 유지가 물건너갔다는 속단을 내리고 있다. 하지만 필자는 농업의 비교역적 관심대상과 다원적 기능 문제가 비록 세계무역기구 농업협상에서 개도국지위 유지 논리로서 성공을 거두지 못하더라도 한국 농정의 앞길을 결정하는 기초 논리로는 필요하고 또 충분하다고 생각한다.

도하개발아젠다 농업협상이 완전 합의에 이르려면 외교관행상 오랜 시간이 걸릴 것으로 보인다. 우리는 계속 부국의 불공정한 농업협상 기조와 그 이중적 자세에 예의주시하면서 외교역량을 총동원해 개도국지위가 유지되도록 힘을 모아야 한다. 우리나라가 비록 경제협력개발기구(OECD)에 가입할 정도로 경제력은 성장했지만, 농업은 아직 경쟁력이 취약하고 농민들의 빈곤도 나아지지 않은 상태다. 때문에 국제무역기구가 자유롭고 공정한 교역을 촉진하되 부국의 농산물 생산과 수출촉진을 위해서 우리나라와 같은 농업 개도국에 피해를 주는 방향으로 진행돼서는 안 된다는 점을 부각시켜야 한다.

선진국들은 사하라사막 이남지역의 총소득보다 많은 농업보조금을 지급하고 있다. 유럽의 낙농보조금은 젖소 한마리당 하루 2달러에 이르고, 미국의 쌀농사 보조금은 1ha당 2백96달러에 이른다. 이런 상황에서도 선진국은 개도국의 농업보조를 불공정 거래로 규정하는 억지를 부리고 있다. 나아가 자국의 경쟁력이 없는 섬유 등에 걸핏하면 쿼터제를 발동하고, 쌍무협상 양보를 유도하려는 목적으로 덤핑예비판정 등을 동원함으로써 간접적으로 농업 개방을 강요하고 있다. 따라서 우리는 이런 점을 집중 부각시켜 농산물시장 개방폭을 최소화해야 한다. 또한 안으로는 △ 직불제도 △ 경기대응보조금(counter cyclical payment) △ 융자차액보조금제도(loan deficiency payment)를 강화해 선진국의 농업보호정책에 대응해야 한다.

　부국의 양심에 가냘픈 기대를 거는 까닭은 칸쿤의 에메랄드빛 바다와 드넓은 백사장의 섬광이 우리에게도 비칠 수 있을까 하는 희망 때문이다. 국민 모두 협상단의 분발을 빌자.

(『농민신문』 '전철환 칼럼' 2003. 9. 10)

20. '바이(buy) 미(米)'가 살길이다

쌀 브랜드의 소비자 인지도를 높이려는 목적으로 열린 '쌀박람회'가 17일 막을 내렸다. 이번 행사는 전국 곳곳에서 생산·가공·포장된 쌀이 서로의 품질과 포장상태를 겨루는 장이 됐다. 이제 쌀도 공산품처럼 적극적인 마케팅이 필요한 시대가 온 것이다.

박람회를 보면서 쌀이 이제 더 이상 귀족식품이 아니라는 점을 느꼈다. 쌀 소비를 촉진하지 않으면 생산을 해도 팔리지 않고, 팔리지 않으면 농민의 소득 실현이 불가능하다. 쌀 소비가 안 되면 우리 농업의 뿌리가 흔들릴 수도 있다.

세상이 많이 달라졌음을 실감한다. 10여 년 전만 해도 마케팅은 고사하고 쌀은 생산만 하면 팔리고 농민에게는 가장 안정된 소득작목이었다. 비록 지금은 국내 생산만으로는 식량자급이 불가능하나, 주곡인 쌀만은 공급이 수요보다 많은 시대로 바뀌었다. 1인당 소비는 줄고 수입까지 겹쳐서 일어난 일이다. 쌀 시장의 주도권이 공급자에서 수요자로 바뀌었고, 소비자 기호를 충족시킬 수 없는 쌀은 팔리지 않는다.

그러나 필자는 이런 상황이 현실로 받아들여지지 않는다. 아무리 공급이 수요보다 많더라도 쌀은 우리 식생활의 으뜸 상품이다. 산해진미를 먹어도 쌀밥과 김치를 먹어야 끼니를 때운 것 같다.

비록 쌀이 다이아몬드보다 값이 싸더라도 쌀의 총효용은 다이아몬드의 총효용보다 크다. 다만 다이아몬드보다 쌀값이 싸고 쌀이 가치 없이 느껴지는 것은 쌀 공급이 늘어서 한계효용이 낮고, 공급이 적은 다이아몬드는 그 한계효용이 크기 때문이다.

벼는 인도와 중국에서는 기원전 7천~5천 년대, 우리나라에서는 기원전 3천~2천 년 전부터 재배되기 시작한 것으로 알려져 있다. 당시 쌀은 한계효용은 물론 절대효용도 가장 높은 상품이었다.

또 쌀은 귀족식품이었다. 그러다 보니 쌀을 어원으로 하는 말은 대개 좋은 뜻을 갖고 있다. '살찌다'의 어원은 살(쌀)에서 비롯했다고 한다. 일본어의 경우 '행복(시아와세)', '사모하다(시타우)' 등도 '씨', '살'에서 갈라졌다고 한다. 생활의 원천인 쌀이 일상생활에서 행복의 뜻으로 확장된 것을 알 수 있다.

정책적인 면에서 보면 1970년대까지만 해도 식량, 특히 쌀 자급은 우리 경제의 핵심 과제였다. 증산은 물론이고 소비를 줄일 목적으로 '분식의 날'까지 정해 분식과 혼식을 장려했다. 당시는 김장과 함께 쌀 몇 가마니를 방안에 쌓아놓는 것이 겨울나기를 끝내는, 쌀은 넉넉함의 상징이었다. 그런데 지금은 쌀박람회까지 열 정도로 쌀 소비가 줄고 있다. '세이브(save) 미(米)'에서 '러브(love) 미'로, 이제는 '바이(buy) 미' 단계까지 이르렀다. 농산물시장 개방으로 먹을거리 공급이 넘쳐나면서 소비자가 먹고 싶은 음식을 선택하는 시대로 바뀐 것이다.

그러나 쌀은 고(高)영양·고성인병 시대에 이를 치유할 수 있는 가장 우수한 건강식품이다. 살은 안 찌면서도 활동에너지를 충분히 공급하고 포만감을 주는 매우 효율적인 식품이다. 거기다가 전통, 역사 그리고 우리의 체질에 가장 잘 맞는 특성까지 갖고 있다.

이를 바탕으로 다양한 쌀가공식품을 개발, 쌀의 우수성을 재현하자. 이번 박람회는 '바이 미' 운동의 시발점이요, 우리 농촌을 살리는 뜻 깊은 행사다. 다시 한 번 쌀의 역사를 돌이켜보고 '바이 미' 운동을 펼치자.

(『농민신문』 '전철환 칼럼' 2003. 11. 19)

21. 국산포도주 성장잠재력 크다

필자는 1998년 한국은행 총재 취임 뒤 서울 생활에 적응하면서 두 가지 어려움을 겪었다. 자연스러운 자리에서 골프나 포도주 이야기가 나오면 대화에 끼지 못하는 것이다.

골프가 좋은 운동이라는 것은 알고 있었지만 여건상 아직까지 섭하지 못하고 있다. 어떤 이는 이런 필자를 '기인(奇人)'이라고 혹평했지만 그때마다 필자는 껄껄 웃으며 기호 차이라고 답하곤 했다.

그러나 술에 관한 한 자랑일 수는 없으나 필자도 즐기는 편이다. 젊었을 때는 소주 서너 병은 거뜬히 마셨다. 뜻이 통하는 친구와 전통주를 곁들이면서 밤을 새운 적도 수없이 많았다. 하지만 포도주는 접할 기회가 없었으니 포도품종이나 산지, 제조연도, 양조자에 따른 맛의 차이를 알리가 없었다. 과실주라면 매실에 소주를 부은 매실주가 전부였다..

우리나라의 포도주 생산역사는 그리 길지 않다. 아마도 조선왕조 말개항과 함께 서양문물이 유입되면서 포도주가 들어왔던 것 같다. 이처럼 포도주가 우리나라에서 대중성을 갖기에는 양조 역사가 너무도 짧다.

그러나 경제가 빠르게 성장하고 교역이 확대되면서 술 수입도 급격히 늘고 있다. 특히 최근에는 외환위기 직후인 1998년과 경기가 나빴던 지난해에만 맥주·위스키·포도주 등의 수입이 전년에 견주어 줄어들었다.

1991~2003년 연평균 술 수입 증가율을 보면, 맥주는 금액 기준 38.1퍼센트(양 기준 39.4퍼센트), 위스키는 15.0퍼센트(10퍼센트) 그리고 포도주는 17.9퍼센트(20.5퍼센트)나 된다. 지난해의 경우 포도주만도 금액으로는 3천만 달러, 양으로는 7백70만ℓ가 수입됐다. 더구나 1998년 이후에는 연평균 포도주 수입증가율이 20퍼센트를 넘고 있다.

반면 우루과이라운드(UR)와 세계무역기구(WTO) 출범 이후 개방파고에 휩쓸려, 우리 농업은 생명과학과 첨단영농기술에 따라 생산성이 향상되었음에도 차츰 경쟁력을 잃어가고 있다. 지금은 주곡인 쌀조차도 생존을 걱정하기에 이르렀다.

그러나 포도는 포도주용으로 잘만 활용하면 성장가능성이 높은 작목이다. 서양 포도주에 길들여진 소비자들의 입맛을 사로잡을 수 있도록 품종이나 재배기술, 양조기술을 획기적으로 개선하고 생산비만 낮춘다면 충분히 경쟁력이 있을 것이다. 다행히 우리의 포도 재배방법과 양조기술은 빠르게 발전하고 있다.

그린영농조합의 '그랑꼬또 로제와인', 와인코리아의 '샤토마니'에 이어 '보졸레누보'에 대응하는 '샤토마니누보', 금화양조의 '산머루와인', 지리산두레마을의 '지리산 머루와인', 가막산의 '오데온' 등 국산 포도주가 속속 시판되고 있다. 물론 아직은 고급 서양 포도주에는 미치지 못하나 곧 따라잡을 수 있을 것으로 기대된다.

수입 포도주 시장규모만도 4백억 원에 가깝고 전체 과실주 시장규모는 1천억 원대에 이른다니 국산 포도주의 성장 전망은 매우 밝다. 따라서 많은 포도농가가 전업농으로 성장할 수 있을 것으로 보인다.

다만 서양 포도주에 길들여진 소비자의 입맛을 사로잡을 수 있도록 품질개발은 물론이고 시음행사 등 탁월한 홍보전략이 뒷받침돼야 한다. 가능성 있는 작목에 관심을 가지고 가공기술·마케팅 등에 투자와 지원을 아끼지 말자. 포도농가와 양조업자들의 분투에 농산물 가공산업의 희망을 걸어 본다.

(『농민신문』 '전철환 칼럼' 2004. 1. 12)

22. 자유무역협정(FTA)과 농정

　네 차례의 우여곡절 끝에 '한·칠레 자유무역협정(FTA) 비준동의안'이
가결되었다. 작년 2월 협정문 서명 뒤 피해예상 농민의 사활을 건 저항
속에서도 농업보호 대신 무역자유화 이득을 선택한 것이다. 세계는 1990
년대 들어서 구축된 세계무역기구(WTO) 등 다자간 무역자유화 체제로
도 실효성 보장이 미흡하다고 보았다. 따라서 보완성이 큰 이웃나라끼리
쌍무협정을 통한 자유무역협정 방식의 확대로 대응했다. 우리도 한·칠
레 자유무역협정을 시작으로 앞으로는 한·싱가폴, 한·일 등의 자유무
역협정 방식의 무역자유화 추세를 좇을 전망이다.

　그 결과 제조업, 금융업을 비롯한 서비스업 등은 물론이고 농업도 더
이상 보호되지 않는 시장산업으로 편입되는 것이다. 물론 한·칠레 자유
무역협정에서는 사과, 배, 쌀 등 4백여 개 품목의 자유화가 유보되었고,
포도도 10년 동안 비수기에만 관세를 철폐하기 때문에 부분적으로 당분
간 보호대상으로 남을 수 있다.

　그러나 기본질서는 시장화일 수밖에 없다. 세계시장에 노출된 농업은
총체적 국민경제에 이득을 가져옴에도 불확실성과 위험 그리고 구조조
정의 열풍에 대응하여야 한다.

　첫째, 원래 어떤 산업의 효율적인 시장도 불확실성과 위험을 피할 수

는 없다. 특히 시장 참가자수가 매우 많고 시장정보 수집과 대응에 신축성이 떨어지는 농업으로서는 그 강도가 더욱 강할 수밖에 없다. 예컨대 우리 농민은 증산위주의 농사에서 소비자 기호, 품종별 특성, 심지어는 유전자 조작 여부, 경쟁국의 농업조건, 농산물 가공품의 시장조건까지 거의 개별 농민으로서는 접근하기 어려운 수준의 정보 없이는 시장경쟁력을 갖추기 힘들다. 극단적으로 표현하면 내 패만 알고 남의 패는 모르는 채 막대한 판돈이 걸린 도박을 하는 셈이다. 이 도박에서 지면 시장퇴출의 불이익을 감수할 수밖에 없다.

둘째, 자유무역협정과 도하개발아젠다 시대의 시장구조 특성상 특정농산물의 국산 여부를 불문하고 총공급이 총수요보다 커질 개연성이 있다. 따라서 농업의 과제는 생산 못지않게 시장가치 실현이 중요하다. 그런데도 농산물은 과잉공급의 경우 생산자가 공산품처럼 생산량 감소로 대응하는 공급조정이 어렵기(불황감수) 때문에 가격폭락(풍년결손), 즉 지출보다 소득이 줄어드는 어려움(교역조건 악화)을 겪어야 한다.

셋째, 시장의 총체적 이득 또는 비용이 시장구성원 사이의 개별이득 또는 비용의 합과 일치하지 않는다는 점이다. 자유무역협정이 분명히 경쟁성 높은 공산품 등의 수출 촉진으로 농산물 수입에 따른 손실을 초과하고 총체적 이득을 가져오는 것은 사실이다. 그러나 농민 특히 정보수집력과 시장상황 대응력 및 직업 전환력이 매우 낮은 탈농자의 개별손실을 국가정책으로 충분히 보상하기는 결코 쉽지 않다. 이는 도덕적 해이 때문이다.

따라서 자유무역협정 시대의 농정방향은 시장체제 아래 농업이 지니는 취약점을 보완하여 적응력을 높이도록 인프라를 마련하는 데 있다. 결코 이미 발표된 농가지원책 즉 자유무역협정 특별기금(1조 2천억 원) 조성, 세이프가드 발동, 직불제 강화, 폐업농가 등 정리농가 순소득 지원, 수출단지·시설현대화 등 50퍼센트 보조, 칠레산 육류, 과실 원산지 규명 강화 따위는 분명 필요하고도 적절한 조치이나 그것만으로는 결코 충분하지 않다.

그러므로 보완해야 할 추가대책으로서 보호되지 않는 시장에 노출된 농업의 세 가지 취약점을 보강하는 것이다. 먼저 자유무역협정 내지 도하개발아젠다 시대의 농정과 농민의 대응은 농산물 시장의 불확실성과 위험을 배경으로 하는 농업의 적응력을 높여주는 데 있다. 정부는 농가의 시장실패를 줄이도록 효율적인 농업관련 정보, 기술, 생산, 유통, 가공 체제를 마련하여야 한다.

다음은 농산물생산(공급) 과잉 때 가격폭락에 대응할 수 있는 물량조절능력을 높이는 정책의 실효성 확보가 급선무이다. 적어도 전략적 작목의 경우 조합별 또는 지역별로 매입, 저장, 가공 등을 위한 충분한 보험기금 설치 또는 사모(私募)펀드 수용은 물론이고 판매대책이 마련되어야 한다.

끝으로 자유무역협정 대응 농정의 한 축은 농민에 대한 직업 전환능력 배양과 농민 스스로의 적응 노력이다. 다만 평생농민의 경우 직업전환능력이 거의 없기 때문에 사회안전망의 강화가 시급하다. 자유무역협정과 도하개발아젠다는 농업의 시상화를 더욱 부채질할 것이다. 시장은 참가자의 책임을 요구한다. 따라서 적응의 성패는 시장조응(照應)적 농정과 농민의 효율적 대응에 달려 있다. 농민과 농정의 지혜에 기대를 건다.

(『농민신문』 '전철환 칼럼' 2004. 3)

2

국가 능력배양을 위한 정치개혁

1. 국가 능력배양을 위한 정치개혁

지금 우리는 누구든지 아무 제약을 받지 않고 인터넷을 통해 서로 의견을 주고받을 수 있는 사이버 시대에 산다. 사이버공간 속의 네티즌은 개성, 자율성, 다양성, 그리고 대중성을 중시한다. 그래서 탈이념적 사상, 즉 포스트모더니즘과 자연스럽게 결합한다. 이들 네티즌은 공동의 관심사가 등장하면 사이버 상에서 쉽게 뜻을 모아 정치사회 현안에 참여해 막강한 힘을 드러내는 '민중의 힘' 시대를 열었다. 2002년 월드컵 때의 '붉은 악마', 동두천 미군장갑차에 의한 여중생 압사사건 항의 때 보인 '시민의 힘', 그리고 2002년 대선 때의 '노사모' 등이 그 사례다.

사이버 시대 민중의 힘은 권위주의는 물론이고 그 산물인 40년 지역당 체제, 그리고 차떼기, 책떼기 등 부패정치 틀을 수용하지 않는다. 이들 사이버세대를 등에 업고 정치세력화를 지향하는 집단 또한 기성정치틀을 깨고 개혁하는 데 이해를 같이한다. 그리하여 민중의 힘은 기성정치에 대한 저항조류와 함께 역동적인 전자정치(Telepolitics) 시대를 열어가고 있다. 노무현 대통령의 당선과 열린우리당의 재빠른 흐름타기가 그 한 예이다.

그러나 한 시대의 지배사조나 특정 정치세력의 인기는 결코 오래갈 수 없다. 그동안 우리 정치는 이념도 정책도 뚜렷하지 않은 무정책으로 이어져 왔다. 다양성을 부인한 분단과 냉전 시대의 산물이기도 하지만, 정부형태가 대통령제인데도 내각제처럼 행정부에도 법률안제안권과 거부권을 아울러 부여한 탓도 적지 않다. 그래서 행정부 고위관리들이 배타적으로 정책을 구상하고 입안할 수 있었고, 지배적 기술관료집단을 이루어 정치권력을 행정권력으로부터 무력화하기도 했다.

이런 점에서 최근 정치권에서 제기되고 있는 새 정치개혁의 틀에는 법률안제안권과 동의안은 국회에만 부여하고, 제안법률에 제안의원의 이름을 붙이는 제도가 반드시 들어가야 할 것이다. 또 실효성 있는 정책구상을 위해 이미 여러 학자들에 의해 제안된, 국회 안에 중립적이고 탁월한 '두뇌집단(Think-Tank)' 기구를 두어야 한다.

물론 정책정치는 이런 제도의 도입만으로 실현되기 어렵다. 정치인들 스스로의 의식개혁이 필수적이다. 투철한 시대정신과 갈등조정력을 갖춰야 한다. 그런데도 최근 이름이 알려지고 잘 생긴 방송인과 연예인 등을 정당들이 경쟁적으로 영입하고 있다. 이같이 이미지를 좇는 선거가 심해지는 한, 결국 또 다른 정치과잉과 과소정책 시대가 되풀이 될 것이다.

더군다나 국무위원 등 개혁을 추진할 행정부 등의 구성원이 주류 기득권층의 보이지 않는 여론조작에 따라 선발될 경우, 개혁은 물론이고 시대흐름에 따른 효율적 정책운용도 기대하기 어려울 것이다. 따라서 지배적 기술관료집단에 대해서는 규칙적이고 광범한 기관간 민관(民官)간 교류제도를 구축해야 한다. 나아가 J. 루소 이후 프랑스의 계몽사상과 혁명전통에 따르면 전자정치 시대에도 특수이익의 표출은 자유로워야 하나 공익 내지 국가의지와 조화되어야 된다. 이를 위해서는 정치권이 갈등조정력을 높여야 한다.

불행히도 권위주의와 지역당 체제로는 갈등조정을 기대하기 어렵다. 따라서 이미 충분하게 논의된 정당명부식 비례대표제를 도입해야 하고 정당의 그 실효성 보장이 절실하다. J. 슘페터가 제의한 자유민주주의 전통에서 특수이익을 공익 내지 국가의지와 조화시켜야 할 가장 중요한 부문은 경제부문이다. 생산과 분배를 둘러싸고 빚어지는 갈등이 다른 어떤 부문보다도 자주 일어나 국가발전을 저해할 수 있기 때문이다. 그러나 이러한 갈등조정을 구실로 지배적 관료집단 권력은 공고화됐다. 현대정치행정의 갈등조정은 사전(事前)적이고 효율적이어야 한다. 국회는 직능집단 비율을 높이고 설득과 조화력을 발휘해야 한다.

끝으로 막강한 정치력의 뿌리인 정보화 시대의 주역과 다원화 시대 시민단체도 그 어느 때보다 정치개혁 철학 및 열린사회 구현을 위한 정책, 학습, 제도, 그리고 관리능력을 아우르는 국가능력에 관한 이해도를 높여야 한다.

(『한국경제신문』 '다산칼럼' 2004. 2. 8)

2. 대선에 거는 기대

올해는 우리 위상을 한껏 드높인 월드컵 축구와 엄청난 태풍피해로 희비가 교차한 한 해였다. 또 연거푸 치르는 선거의 해이기도 하다. 아시안게임이 시작되었고, 12월엔 대통령선거를 치른다.

우리는 누구나 선거가 부정, 비방, 연고주의 따위의 네거티브 전략보다, 차별적 통치철학과 역량 그리고 정책대결 등 포지티브 전략으로 치러지기를 바란다. 특히 후보에게는 시대를 꿰뚫는 통치철학, 도덕성, 정치역량과 경륜 등을 기대한다. 그런데 우리의 50년 정치사는 진보를 외치면서도 현실수용에 인색하다. 오직 대결적 정권욕으로 정치를 하고 정책을 개발한다. 따라서 정치의 중추원리인 '갈등 조정력'은 권력투쟁 속에 묻히고, 정책은 정보교류 속도가 빨라지고 지적활동이 보편화되면서 정당과 후보 사이에 차별성 없이 획일화되고 있다. 그래서 현실적으로 심각한 것은, 정책 내용보다 정치실종이라고 비판받는 '정치의 갈등 조정력 상실'이다.

선거에서는 정당의 갈등 조정력 여부를 검증하거나 평가하기가 어렵다. 그래서 우리는 갈등 조정력을 유추할 수 있는 정치양태를 중시하고, 최근의 우리 정치가 정략으로 일관되는 것을 우려하며 정치를 외면·혐오한다. 왜냐하면 우리 사회는 K. 마르크스나 기능주의적 관점에서 본

'총체성 통합원리'에 따라 지배되기보다, D. 벨의 관점처럼 정치, 경제, 문화 영역이 저마다 상충성을 지니는 중추원리에 따라 움직이므로 어느 한 영역도 소홀해서는 안정과 발전이 이루어지기 어렵기 때문이다.

예컨대 현대 경제의 중추원리는 '경쟁을 통해 기능적 합리성, 즉 효율성을 추구하는 것'이다. 어떤 물건을 얼마만큼 어떤 방법과 과정으로 생산·처분할 것인지를 결정하는 기준은 철저히 효율성이다. 반대로 문화의 중추원리는 '자아의 고양 및 실현'이다. 인간 스스로 가치인식과 개인의 잠재력을 실현해 삶의 질과 가치를 높이는 것이다. 때문에 경제와 문화영역 활동에서는 개인이나 집단 사이의 차별성은 불가피하게 일어날 수밖에 없다.

그러나 이 같은 경제와 문화의 중추원리를 추구하는 과정에서 시장참가불능자, 예컨대 폐질·불구·노령·미성년자 등은 경쟁에 참가할 기회를 잃고 자아를 상실하기 쉽다. 그런 개인과 집단은 경쟁적 이해관계 실현에서 필연적으로 갈등을 빚는다. 그래서 사회구성원과 집단에게 경제와 문화영역에서 소외되기 쉬운 평등권을 회복시키고, 그 과정에서 생기는 갈등을 조정하는 데 정치활동이 필요한 것이다.

법 앞의 평등·기회균등·권리평등은 제도적 장치이고, 현실적으로 발생하는 갈등 조정이 정치활동의 대상이다. 그러나 지난 정치사에서 보면 평등권 등의 보장을 포함한 제도적 장치마련에 꽤 높은 관심이 있었으나, 정치역량을 보여 줄 갈등 조정에는 거의 무관심하거나 정쟁으로 오히려 더 키우지 않았나 생각된다.

이제 월드컵 때 보여준 높은 수준의 성숙된 국민의지와 행동을 밑받침하기 위해서라도, 이번 대선을 계기로 우리 정치가 갈등 조정력 발휘를 통한 정치력 회복에 힘써 주었으면 한다. 다만 어떤 정책이든 완전중립적인 경우가 드물기 때문에 사회 전체적으로는 정(正)의 편익을 준다고 해도, 대개는 어떤 개인 또는 집단의 희생을 수반하는 갈등을 불러일으키게 마련이다. 이 때문에 정책개발과 시행이 힘들기도 하지만, 정책공약에 뒤따르는 갈등 조정의 정치력 발휘가 절실하다. 그 대신 사회의 불안정적 발전이나 정치의 조정력 불충분성을 극복하는 데 드는 정치비용을 최소화하려면 국민의 민주의식과 자기실현 그리고 책임의식이 높아져야 한다.

사실 이 때문에 '사회경제 전체의 상향운동'을 발전으로 정의할 수도 있다. 그리고 민주의식과 자기실현을 위한 갈등의 자율적 조정은, 자유경쟁으로 우열을 가리는 시장제도를 발전시키는 방법밖에 없다. 그런데도 시장을 죄악시하고 믿지 않으며 외면함으로써 정치권력을 강화하고 많은 비용을 쓰게 된다. 그래서 민주주의와 시장의 동시 발전이 필요하고, 이를 정치의 높은 갈등 조정력으로 밑받침해야 한다.

필자는 이번 대선을 계기로 정치가 갈등조정자 구실을 충실히 함으로써 '당리당략만 일삼고 정치가 없다'는 비판과, 여기서 비롯된 정치무관심과 혐오감이 말끔히 씻어지기를 바란다.

(『한국경제신문』 '다산칼럼' 2002. 9. 29)

3. 정책선거의 조건

　"역시 국민의 힘은 위대하다."

　질서 있고 일사불란한 응원으로 한·일 월드컵을 빛낸 붉은 악마와, 미군장갑차에 의한 비극의 두 여중생 압사사건에 대한 국민적 항의로 대미(對美) 위상변화를 가져온 우리 국민의 지혜만을 일컫는 말이 아니다. 대통령선거가 시작되기도 전에 폭로, 비방, 편가르기 따위의 부정적 측면을 증폭시켜 반사이익을 얻고자 하던 구태의연한 네거티브 선거전에 대해 가차 없는 외면의 뜻을 보인 국민의 열린 정서를 두고 하는 말이다.

　그 결과 선거전이 막바지에 이른 지금, 각 후보 진영은 국민 감동을 일으키기 위해 꽤 긍정적이고 적극적인 대형정책과 공약 경쟁에 들어갔다. 비록 이념차가 크지 않은 후보 사이에는 '정책베끼기' 식의 수렴현상을 빚고 있기는 해도, 대선경쟁이 아니면 상상하기 힘든 공약이 폭발한다. 바람직한 선거전 모습이다.

　그러나 폭증하는 정책공약내용을 이념, 실현성, 그리고 효과성 따위에 따라 종합적으로 판단하고 변별해 투표의사를 결정하기는 쉽지 않다. 때문에 정작 투표는 공약과 무관한 다른 기준에 따라 행해지기 쉽다. 그리하여 선거전이 희화화하지 않기 위해서는 전문가의 정책종합과 변별이 필요하다. 그런 의미에서 바라본 정책이란, '정부, 단체, 개인이 앞으로 나아갈 노선이나 취해야 할 방침'을 뜻하지만, 정책효과는 개인과 집단에 대해 가치중립적이지 않다.

반면 정책에 대한 각 개인과 집단의식은 서로 이념과 이해관계를 달리하게 마련이다. 그리하여 어떤 정책도 정도의 차이는 있으나, 개인과 집단별로 이해 차이를 일으키고 잠재갈등을 증폭시킬 수 있다. 그 결과 정책시행의 어려움은 물론 여기에 따르는 정치불신을 줄이고 건전한 정책개발을 가속하기 위해 몇 가지 유의해야 할 점이 있다.

첫째로 정치권은 정책공약에 앞서 정책시행에 뒤따를 수 있는 이해갈등을 조정하고 보완할 명백한 의사와 비용부담 역량 등의 정치력을 지니지 않으면 안 된다. 갈등을 조정하고 발생할 비용을 부담할 정치력도 없으면서 이상적인 정책을 남발하면, 시행이 어려울 뿐만 아니라 희망과 발전보다는 갈등증폭과 정치불신을 일으킬 수 있다. 그 예가 의약분업이 아니었던가.

둘째로 정책선거로 바뀐 것은 참으로 바람직하나, 정책개발에서 유권자가 원하면 무엇이든 다할 수 있는 것처럼 착각해서는 안 된다. 정부가 무정부적 방임을 해서도 안 되지만, 자유(시장)민주국가에서는 천부적 자유권을 지닌 개인과 기업 등 민간의 삶과 활동에 따르는 불확실성과 위험을 최소화하는 사회경제 틀과 규범을 만들고 지키는 데 그칠 수밖에 없다. 따라서 정책공약자는 '정부는 다만 불확실성과 위험의 최종관리자' 임을 명심하고 그 대응책 개발과 효과 제고방안에 집중하는 절제가 있어야 한다. 정부가 불확실성과 위험을 줄이기 위한 역사적 정책단계를 보면, 1900년대까지는 기업 무위험보장화 시기, 1960년대까지는 노동의 무위험보장 시기였다. 지금은 제3단계로 전 사회구성원의 불확실성과 위험을 보장하는 시기이다.

셋째로 어떤 정책이라도 앞날의 국가비전에 비춰 서로 충돌되지 않고 잘 어울려야, 여러 정책이 시너지효과를 발휘할 수 있다. 따라서 국가비전 제시를 먼저 한 뒤에 하위개념의 정책을 만들어내야 한다. 많은 정책공약도 이런 조건을 갖추지 않으면 아무리 이상적인 정책이라도 정책대안이 될 수가 없다. 허구적이고 선심에 그치는 정책에 머물 뿐이다. 그러나 현실적으로는 정치권도 일반국민도 선거전의 절박성과 선동성 때문에 이런 사실을 감지하고 대응하기가 쉽지 않을 것이다. 평소에 정당이 정책정당으로서 개발하고 갖췄어야 하지만, 그동안 정쟁만 일삼아 지금으로선 기대하기 어렵다.

다만 후보 진영에 구축된 전문가 집단과 비정부기구(NGO)의 이성과 역량을 믿을 뿐이다. 물론 전문가 집단과 비정부기구라고 해도 모든 것을 다 알 수도 없고 알지도 못할 것이다. 그들은 어떤 분야의 정책이나 활동에서 저지를 수 있는 결정적 오류가 무엇인가는 물론이고, 그 오류를 피할 수 있는 방법은 안다. 다만 전문가 집단은 저도 모르는 사이에 자기 몸에 밴 계층성 극복에 반드시 유의해야 한다.

이제 정책선거과정이 세계적 경쟁 시대에 새로운 비전을 제시하고, 모든 국민에게 삶의 불확실성과 위험을 최소화하여, 위대한 국민의 힘이 희망으로 전화(轉化)되기 바란다.

(『한국경제신문』 '다산칼럼' 2002. 12. 11)

4. 참여정부의 성공 조건

16대 대통령선거를 거쳐 '참여정부'가 출범하면서, 이념성향이 뚜렷하게 다른 사람들끼리 인터넷 토론과 집회 및 시위가 부쩍 늘었다. 인터넷을 통한 활발한 의견교환과 온라인 매체의 부상은 물론이고, 지난 84회 삼일절에 보인 진보와 보수 성향의 열띤 집회 시위가 그 한 예다.

사실 자유(시장)민주주의 사회에서는 다양한 이해집단이 끊임없이 생성 변화하고 이념차이도 생기게 마련이다. 그러나 적대적 파괴수준의 갈등이 아니면 이념과 패러다임 경쟁은 오히려 사회의 동태적 발전을 이끌어낸다.

따라서 이해갈등과 참여의사 분출이 상당한 혼란으로 비칠 수는 있어도, 그것이 오히려 건강한 민주사회의 다양성과 창발성을 나타내는 척도일 수 있다. 새 정부도 '참여정부'의 기치를 내걸고도, 다양하고 적극적인 민주적 의사표출을 통한 직접민주주의 실현을 국정 방향으로 제시했다. 자칫 굴절되기 쉬운 대의제 아래 의사결정 방식을 보완해 기층민의 뜻을 충실히 국정에 반영하고, 현재의 정치구도도 개혁하겠다는 의지로 보인다.

참여정부가 지향하는 보통국민의 직간접 국정참여는, 고대 그리스로부터 내려온 민주정치의 이상이었다. 다만 직접민주주의의 현실적 물리적

한계와 비효율 때문에 선거를 통한 간접민주주의 형태인 대의제가 보편화한 것이다. 그러나 대의제는 보통국민의 국정참여가 선거에만 제한되는 대신, 엘리트층과 기득권층의 국정의사결정 지배를 고착화하기 쉽다. 때문에 국정에서 국민의 실질적 평등성과 보편성은 제약된다.

그리하여 2차대전 뒤 대의제의 한계 극복을 목적으로 프랑스의 신좌파인 J. P. 사르트르가 앙가주망 철학과 현대적 참여민주주의를 제창했다. 참여민주주의는 '보통사람인 시민, 학생, 노동자가 국가와 직장 안 (경영) 의사결정에 관여하기 위해 시위 집회, 캠페인, 청원, 기부 조직의 설립과 가입 따위의 행동'을 드러내, '직접 자기 소속집단의 관리체계와 질서를 만들어 가는' 직접민주주의를 지향한다. 보통국민의 상시적 국정참여를 확대하기 위해서다. 아마 '참여정부'의 이상도 이런 참여민주주의의 실현에 있을 것이다. 그러나 사회에 다양성과 이해상충성이 내재하는 한, 절대민주성과 효율성을 보장하는 이상적인 현실 제도는 없다.

참여민주주의도 최선의 민주적 의사결정 방식으로서는 상당한 제약요인을 지니고 있다.

첫째, 어떤 제도 아래서도 선호의사와 무관하게 존재하는 객관적 사실과 운동법칙 인식, 세계정신에 바탕을 둔 역사적 동향을 전문가 대신에 참여한 다수의 의사로 판단할 수는 없다. 그럴 리도 없겠지만, 이런 분야에 대한 대중참여 판단은 자칫 중세종교의 갈릴레오의 지동설 재판처럼 우화가 될 수 있다.

둘째, 참여는 일반국민의 과학적 인식과 확실하고 완전한 정보에 바탕을 둔 정책인식, 그리고 정책입안의 투명성을 전제로 한다. 따라서 참여 국민의 옳은 정책판단을 위해서는 높은 시대인식과 도덕성을 갖춘 전문가 집단과 비정부기구 등의 도움과 참여가 밑받침돼야 한다.

셋째, 국민의 선호 등 의견이 한 방향으로 모이지[單峯性] 않으면 다원적인 일반국민의사 모두를 특정정책에 반영할 수 없다. 그 결과 참여형 의사결정방식은 집단 서로 간에 속박되는(committed) 관계형성을 일으키기 쉽고, 조화성을 잃은 의사관철 대결이 자칫 무정부성 또는 무질서 현상을 빚을 수 있다. 이런 갈등관계의 효율적 조정은 정치의 몫이고, 이런 정치구현이 곧 참여민주주의의 성공적인 모습이다.

넷째, 정책이 일관성을 잃으면 정책당국이 정책을 수립할 당시에는 최적이었으나 시간이 경과하면서 최적성, 즉 합리성과 효율성을 확보할 수 없다. 따라서 어떤 정부도 때때로 변하는 국민의사 수용에 급급하여 정책의 동태적 일관성을 잃어서는 안 된다.

'참여(민주주의)정부'의 출범은 신선하나, 참여 자체는 대의제 민주주의 한계를 보완하기 위한 수단에 지나지 않는다. 따라서 목소리 큰 소수를 다수로 착각하는 다원적 무지(pluralistic ignorance)에 빠지거나, 특정 제도와 정책에 대해서만 환상을 지녀서는 안 된다. 오직 끊임없는 고민과 지혜로 연이어 생기는 모순을 극복해 가는 것만이 참여정부가 성공하는 길이다.

(『한국경제신문』'다산칼럼' 2003. 3. 10)

5. 존 스튜어트 밀의 개혁주의와 참여정부

참여정부가 출범한지 벌써 1백 일이 지났다. 대선에서 보수그룹을 이기고 출범했기 때문에 국민들은 강한 개혁추진을 기대하거나 우려하는 그룹으로 나뉘었다.

그러나 참여정부 개혁성향에 대한 지금의 지지집단 평가는 긍정보나 부정적 시각이 지배적이다. 역설적으로 개혁우려 보수집단은 안도하는 분위기이다. 참여정부의 개혁징책 회의론에 내해서는 '개혁적 정체성 유지 속의 현실적 실용주의 결합'으로 옹호한다. 참여정부도 '보수에 포위된 개혁' 또는 '개혁적 이미지만 지닌 정부'로 전락하지 않을까 우려하는 견해도 많다. 그것은 참여정부가 과연 일관된 개혁철학, 치밀한 개혁 프로그램, 그리고 충분한 정치 행정적 추진력을 확보했었던가에 대한 회의 때문이다.

따라서 필자는 참여정부의 개혁철학에 가까우리라고 생각되는 J. S. 밀의 개혁주의 사회사상에 비춰 참여정부의 개혁주의 정책을 살펴보고자 한다.

밀은 스코틀랜드 계몽주의를 마지막으로 계승 발전시킨 탁월한 경제학자이자 사회사상가다. 사실 18세기의 영국은 산업혁명 선도국이었고 의회주의 정치의 메카였다. 그러나 19세기에는 정치경제의 성공이 오히려 경제적 비효율과 정치적 불평등을 개선하지 못해 대중 민주화운동을 불러왔다. 양적 성장이 질적 변화를 가져온 변증법적 발전을 한 것이다.

밀은 「시대정신」이라는 논설에서 "이 시대는 과도기다. 현실적합성을 지닌 제도와 정통적 독트린은 존재하지 않는다. 또 식자층의 분열이 권위를 잃게 했다. 비식자층은 식자층을 믿지 않는다"라고 개혁주의 당위성을 설파했다.

지난 40여 년 동안 고도산업화와 높은 성장의 결과 효율상실과 형평위기 때문에 구(舊)제도와 질서, 그리고 가치관의 개혁이 절박한 지금의 우리 시대상황과 매우 비슷하다.

사실 밀의 개혁사상 뿌리는 철저한 자유주의다. 그러나 자유주의 제도와 질서도 각 나라의 역사적 단계에 따라 내용과 정도가 다르다. 때문에 시대상황에 적합한 네 가지 개혁성공 조건을 제시한다.

첫째로 새 제도와 질서만이 당시의 저하된 경제적 효율과 정치적 형평, 그리고 문화적 정체성을 확보하고 지속적 발전을 바랄 수 있다는 개혁목표를 명시해야 한다.

둘째로 개혁 추진을 위한 정치적 지지세력을 구축하고, 제도와 질서 전환에 뒤따르는 기득권 상실과 적응적 고통 수용을 조정할 수 있는 정치력을 갖춰야 한다. 이를 바탕으로 개혁의 절박성을 인식하게 하는 정치사회적 계기를 선택, 조성함으로써 국민적 합의를 이끌어내야 한다.

셋째로 개혁은 일반적으로 하나의 목표 또는 가치가 아니라 복수의 가치를 실현하고자 한다. 따라서 개혁사상이 여러 가치들 사이에 어떤 균형관계를 상정하고 있는가를 명확히 해야 한다.

끝으로 개혁을 어떤 방식, 예컨대 집권적 또는 분권적, 점진적 또는 혁명적인 것 가운데 어떤 방향으로 밀고나갈 것인가를 정해야 한다.

필자는 참여정부를 이끌고 가는 새 엘리트 집단은 이들 네 가지 개혁성공요소를 모두 잘 알고 정비해 충분한 개혁인식을 함께하고 있을 것으로 믿는다. 그러나 일반 국민은 물론 재야 개혁동조그룹은 반드시 그런 것 같지 않다. 적어도 일반인들에게는 개혁 방향과 내용이 뚜렷하지 않

다. 개혁이 추구하는 여러 개혁가치 전환 가운데 일어나는 갈등을 조정
해야 할 정치권, 특히 여당은 개혁 주체이기는커녕 오히려 개혁대상이
됐다.

또 짧은 기간 시행된 인수위 수준의 개혁정책조차 상황 적응적 전략을
이유로 혼선을 거듭했다. 따라서 개혁 메시지 전달은 물론이고 일관성과
확신을 주지 못했다. 오직 개혁 방법상 시스템을 통한 분권적 점진적인
개혁지향 기조만이 앞으로의 개혁을 기대하게 한다. 그리고 탈권위주의
와 참여민주주의 지향이 발전된 국정 운영 시스템이고 개혁가치 가운데
하나인 것은 틀림없다. 그러나 결코 개혁의 최종목표인 효율, 평등, 그리
고 자아확립을 통한 복지국가의 표상은 아니다.

그런데도 '인수위원회 수준의 개혁 기조조차 일관성을 잃고 혼선을 빚
고 있다'는 비판에 대해 '실용주의적 개혁정책으로 선회'라며 대중감성
에 호소함으로써 돌파하려는 것은 성공적인 선거전략일 순 있어도, 그것
만으로는 개혁 추진에 대한 신뢰를 대중으로부터 얻기 어렵다.

(『한국경제신문』 '다산칼럼' 2003. 6. 10)

6. '모순선택의 칼날' 막아야

　탁월한 대중적 정치감각을 지닌 노무현 대통령이 신뢰와 지도력 위기의 반전을 위해 재신임 국민투표를 제의했다. 이에 따라 정국은 불확실성과 동요에 빠져들고 위헌론, 합헌론, 위기정면돌파론, 책임회피론, 국민투표의 독재성 등 다양한 지적들이 나오고 있다.

　사실 국민투표는 직접민주주의의 이상적인 의사결정 수단임에도 수많은 다원적 의사를 단순의제화하여 투표에 부침으로써 모순적 선택을 빚을 가능성이 크다. 한마디로 말해 국민 대다수의 의사와는 다른 결과를 낳을 가능성이 높으며, 그로 말미암아 권력의 절대화를 부를 위험성이 있다.

　무엇보다 국민투표와 같은 직접민주주의 방식으로는 국민 모두의 의사가 일사불란하게 찬성·반대 가운데 하나로 결집되어 단봉성(單峯性)을 갖는 지극히 예외적인 경우말고는 논리 정합적이고 민주적으로 의사를 결정할 수 있는 길이 없다. 대의제를 통해서는 그것이 어느 정도 가능하다. 예컨대 국회상임위 수준의 소집단 내 의사결정과정에서는 대안 수를 최소로 줄이고 토론과 설득 그리고 타협을 통해 소수자의 묵시적 동의를 얻는 경우, 민주적이고 합리적이며 논리적인 무오류의 의사결정 수준에 다가갈 수 있다. 특히 성숙한 국민의식과 정치수준 아래서는 그 개연성이 매우 높아진다.

둘째, 국민투표는 그 의제가 여러 개이고 낱낱의 의제에 대한 선호도가 다른 경우 선택합성의 모순을 일으킬 수 있다. 예컨대 고교 입시 부활과 이라크 파병 문제를 저마다 국민투표에 부칠 경우 입시 부활에 대해 찬성 40퍼센트 반대 60퍼센트이고, 파병에 대해서는 찬성 60퍼센트 반대 40퍼센트라면, 전자는 부결, 후자는 가결된다. 그러나 두 안을 하나로 묶어 국민투표에 부칠 때는 파병에 대한 지지도가 높은 경우 결합의제가 50퍼센트 이상의 찬성을 얻어 통과될 수 있다. 반대가 많은 고교입시 부활까지 통과되는 모순선택이 빚어지는 것이다. 최근 여론조사 결과, 노 대통령에 대한 국민 지지도가 낮은데도 재신임하겠다는 비율은 높게 나왔는데, 그 이유는 대안부재에 있었다. 이 조사대로라면 국민투표를 신임 여부라는 단일의제화할 경우, 지지를 받지 않는 대통령이 재신임을 얻는 모순된 결과가 나온다.

셋째, 이렇게 해서 재신임이 가결되면 권력자는 모순선택의 결과인데도 국민의 위임을 받은 것으로 확신하게 된다. 그리고 그 허위의식이 고착되어, 정통성을 얻은 대통령이 국민의사의 유일한 구현체임을 자임하는 신(新)권위주의 독재의 위험을 낳게 된다. 이것이 모순선택 위의 칼날이다.

이런 까닭에 오늘날 직접민주주의를 대신해 대의제가 자리를 잡았고, 국민투표는 특별한 경우에 한해 대의제의 보완수단으로 활용되고 있을 뿐이다. 과거의 예를 보면 권력의 절대성을 지향하는 지도자가 그 정당성을 얻으려고 국민투표를 이용했다. 나폴레옹과 히틀러, 1954년 대한민국 국회의 사사오입 개헌을 통한 이승만의 장기집권 기도와, 1973년 유신헌법에 따른 박정희 독재 등이 모두 국민투표를 전략적으로 활용한 사례다.

노 대통령은 지지도가 지속적으로 떨어지는 분위기를 반전시키기 위해, 결과적으로 이 같은 모순선택의 칼날이 되는 국민투표의 유혹을 뿌리치기 어려웠을 것이다. 그러나 권위주의 시대와 달리 지금의 국민들은 그 속내를 모르지 않으며 호락호락 넘어가지도 않을 것이다. 그렇다고 이제 와서 다시 번복할 경우, 대통령의 권위가 추락하여 불신과 지도력의 약화를 더욱 부추길 것이다.

결국 대안은 정책의 실패, 코드정치로 일어난 불신, 정치부재와 지도력 상실 등을 회복시킬 국정쇄신에 있다. 대화와 타협에 바탕을 둔 큰 정치로 정파 사이에 국정 이견을 좁혀 모순선택을 극복하여야 한다. 이것이 우리나라와 국민이 모순선택 위의 칼날을 비켜가는 길이고, 국민투표가 권력강화 수단으로 악용되는 것을 막는 길이다.

(『한국일보』 '아침을 열며' 2003. 10. 19)

7. '코드정치'의 그림자

참여정부 6개월, 코드정치는 개혁정책을 구현하고자 하는 정권핵심부가 즐겨 사용하는 새 정치용어로 자리잡고 있다.

당초 의도와는 달리 또 하나의 부정적 신념체계인 이데올로기로 변한다는 우려를 자아낸다. 왜냐하면 정권핵심부 특히 대통령이 '아는 사람, 가까운 사람, 정치적 이념을 같이 하는 사람 또는 검증을 거친 사람'을 권력 핵심부의 구성원으로 볼 뿐만 아니라 배타적 중성집단으로 요소화하기 때문이다.

사실 코드정치는 선거과정에서 지지를 얻기 위해 약속한 개혁정책을 성공적으로 시행하는 데 필요한 최소한의 조건일 수 있다. 적어도 지지정당과 행정부의 핵심구성원이 정치이념을 같이 하고 이념구현을 위해 일치된 이상과 실천력을 보여야 개혁이 성공할 수 있기 때문이다. 보통 사람끼리는 당연하게 생각할 수 있다. 하지만 국가 경영자와 시중의 개인과는 인간관이 같아서는 안 된다. 권력을 지니고 있기 때문이다.

더구나 코드정치가 참여정부처럼 대통령제 아래서 스스로 당정분리를 선언하고 정당과 차츰 거리를 두게 되면, 고려대 최장집 교수가 지적한 것처럼, 남미정치학자 기예르모 오도넬이 다른 민주정치와 차별화하기 위해 정의한, '위임민주주의'로 변하고 자칫 코드독재까지 낳을 우려가 있다.

그 배경은 지금의 정치상황이 참여정부에 대한 지지집단 이반은 증폭되고 여당은 지지층 대변기능을 거의 상실한 데 있다. 집권층은 그럴수록 코드일치 집단의 결속을 다짐하는 한편, 대통령이 유일한 국민의지의 구현체임을 자임하면서 코드일치 집단통치를 강화하려는 위임민주주의 즉 신(新)권위주의 성향을 보이기 쉽다.

또 참여정부는 선거에서 약속한 개혁정책의 많은 부분이 수구세력의 벽에 부딪히자 차츰 보수화 경향을 보이고 있다. 따라서 지지집단은 희망 대신 비관으로 바뀌고 선거에서 보인 여당의 강한 정체성은 크게 약해졌다.

또 현 정치세력은 여야 할 것 없이 이반된 대중의 갈등조정력을 보이지 못하고 있기 때문에, 이를 돌파할 전략으로 코드정치가 더욱 강조되는 것 같다. 나아가 참여정부의 개혁성이 차츰 보수화하는데도, 궤도수정에 대한 국민 동의를 구하는 대신, 코드정치와 로드맵 등의 새 용어로 대중상징조작을 강화한다는 비판이 있다. 그런데도 보수집단은 지지로 돌아서기보다는 반대성향이 증폭되는 역설적 상황이 일어나고 있다.

참여정부는 우리 정치가 부패로 얼룩졌기 때문에 그 대응책으로 권력을 정당으로부터 대중지지와 그를 배경으로 하는 대통령 및 검찰권으로 바꾸고 있다. 그 수장들을 코드가 맞는 사람으로 채우고 대중상징조작법으로 코드이데올로기가 쓰이고 있다고도 우려한다. 그러나 과도하게 직접 대중과 검찰권에 기대면, 자칫 탈정치 및 탈국민의지의 초권력을 낳을 수 있다. 코드정치가 위임민주주의 아래서 코드 권위주의로 흐르면 부정적 이데올로기 폐해를 누적시킬 가능성이 높기 때문이다.

사실 참여정부 권력 핵심부 구성원은 재야시절 민주화와 진보를 열망한 분들이므로 그럴 우려는 없을 것으로 생각한다. 그러나 민주당 조순형 의원의 평가처럼, "대통령은 말도 잘 하고, 머리 회전도 빠르고, 논리가 정연하여 그 앞에서는 직언하기 어려워 언로가 막힐 수 있다"면 위임민주주의의 부정적 개연성이 높아질 수 있다. 만일 핵심 구성원이 민주화 투쟁과정에서 맺은 '동지애' 때문에 코드를 중시한다면, 온정주의적 사적 관계에서는 의리 있는 것으로 평가될 수도 있을 것이다.

그러나 다양한 이해관계로 맺어진 현대사회에서 나라를 통치하고 국민을 이끌기에는 너무 협소하고 편향적일 수밖에 없다. 따라서 생각과 신념이 다른 사람과 집단도 서로 존중하며 공존할 수 있는 규칙과 통치술로 코드가 다소 다르더라도 원칙, 원리 그리고 사실을 바탕으로 광범하게 의견을 수렴하는 적극적 참여정치가 이룩되기를 바란다.

다양한 코드를 지닌 경우에도 통합과 포용, 전문성과 경륜 그리고 강력한 개혁의지를 존중해야 한다. 왜냐하면 그럼으로써 일관성과 효율성을 지향하는 코드정치가 결코 부정적 이데올로기로 증폭되어서는 안 되기 때문이다.

(『한국경제신문』 '다산칼럼' 2003. 9. 3)

8. 파병할 수밖에 없다면

정부는 18일 오전에 긴급 국가안전보장회의를 가진 뒤 전날까지 "조급히 서두르지 않겠다"던 전투병의 이라크 파병을 결정했다. 17일 유엔의 '이라크 결의안'이 통과돼 명분이 생긴데다가 20일부터 개최되는 아시아·태평양 경제협력체(APEC) 정상회담 가운데 한·미 정상 대좌에 응답하고자 한 것 같다.

노무현 대통령은 여러 번 '이라크 파병 신중결정'이라는 의견을 피력했으나, 취임 뒤 대미 외교자세로 보아 명분쌓기쯤으로 인식됐다. 한국전쟁 뒤 우리의 대미 정서와 미국중심의 단극체제 아래 한국의 처지로 보아 어쩌면 현실론일지도 모른다. 노 대통령은 또 한 번 국민의 믿음을 저버리게 됐다. 그러나 여론은 '참여정부의 자기부정이고 굴종외교'라는 전투병 파견 반대론과, '동맹국의 의무 또는 국익중시'라는 찬성론으로 대립하고 있다. 따라서 우리는 지혜로운 동맹참전 전략을 구사해 국민합의에 이르기 위해선 이라크 전쟁 성격을 명확하게 바라보아야 한다.

지금의 이라크 전선은, 기원전 4백 년 아테네의 작가 투키디데스가 쓴 '펠로폰네소스 전쟁' 뒤 유일한 근본적 전쟁 문제를 다룬 클라우제비츠의 『전쟁론』에 비추어 보면, 다음과 같은 세 가지 특성을 지닌다.

첫째, 클라우제비츠의 '전략의 역동성' 요소는 기습, 동맹, 긴장과 휴식, 승리의 한계 정점, 전략의 진화 등이다. 이 가운데 동맹론이 지금 우리에게 중요하게 조감해야 할 관점이다.

사실 이라크는 우리나라의 안전과 가치에 위해를 가하는 적대국이 아니다. 다만 한국전쟁이 있은 뒤 한국과 미국이 맺은 동맹 약속 이행의 대상국 성격을 지니고 있다. 그러나 전투병이 파병되면 그뒤로 이라크는 물론 이슬람권이 적대관계로 돌아설 우려가 있다. 그래서 우리는 적은 없고 동맹국의 적만 존재하는 대리전 담당국이라는 국제적 비하의 부담을 안게 된다. 따라서 우리는 전쟁 상대 국민에 대한 반감을 최소로 줄이는 것이 최선의 전략이다.

둘째, 지금의 이라크 전선은 다양한 전쟁모델 가운데 게릴라전의 성격을 지닌다. 도덕적 승복 없는 패전은 '열전 뒤의 자연적 부산물인 게릴라전'으로 바뀌게 마련이다. 이슬람 문명권의 중심국인 이라크는 초강대국 미국과 맞설 위치에 있지 않았으나, 기독교 문화권인 서방, 특히 미국과 문명충돌을 피하지 못했을 뿐이나.

지금은 오히려 이라크의 대량살상무기(WMD) 보유와 테러 추동 의심만으로 침공한 미국이 부도덕적이라는 비난을 받고 있다. 또 게릴라는 적군의 외곽부터 잠식하는 '타다 남은 불꽃'이며 정규군에게 가장 강력한 위협이다. 그런데도 전선 없는 전쟁 속에 뛰어드는 우리로서는 전투병 파견으로 적대성이 없는 이라크를 자극할 필요가 없을 것이다.

셋째, 동맹국의 대리전인데도 연 2천~4천억 원의 전비를 우리가 부담하고 지원금도 2억 달러나 내는 것이 대리전 참전 명분으로는 매우 약하다. 다만 추후 석유 자원의 안정적 확보, 전후 복구 참가, 미국의 대북 정책전환 급부 이익으로 상쇄될 수 있을 것이다. 그렇다고 해서 우리의 자존심과 도덕성과 바꿀 만할까.

이 같은 성격의 이라크 파병은 공격과 방어를 상호 지원하는 식의 고대 로마 시대의 동맹전 유산을 물려받은 유럽과 미국의 전략이다. 로마를 둘러싼 소규모 국가들은 로마동맹조약을 거부하지 못하고 로마가 요구하는 전쟁에 참전하면서 로마의 약탈과 지배를 지원했었다. 로마는 로마가 형성한 동맹을 통해 성장했고, 그 이웃들은 로마의 적극적인 억압을 피했을 뿐이다.

따라서 우리는 이미 공표한 전투병 파병을 취소할 수는 없다고 해도 역사적 교훈을 오늘날 거울삼아 이슬람 문명권과는 적대적 관계를 최소화하면서 미국과 맺은 동맹에 해가 되지 않는 방법을 찾아보아야 할 것이다. 아마도 그 길은 비전투병 파병이 될 것이다.

결국 파견부대의 비전투화, 이라크 민주주의화를 지원하기 위한 정훈화, 전후 복구 및 정국 안정 그리고 민생 지원이 동맹권 참전의 최대 지혜이다.

(『한국경제신문』'다산칼럼' 2003. 10. 20)

9. 우리 헌정틀 문제는 없나

대통령 측근비리 특검법 강행과 그에 대한 거부로 빚어진 지금의 우리 정국은 마치 철길 위를 마주보며 전속력으로 질주하는 기관차와 같다. 충돌 직전인데도 기관사의 눈앞에 승객의 안위는 간데없고 오직 상대를 꺾어야겠나는 승부욕밖에 없는 것 같다.

이들이 내심을 숨긴 채 겉으로 내세우는 이유는 얼핏 그럴듯하다. 특검을 주장하는 쪽은 일반검찰로는 행정수반인 대통령의 측근 비리수사 공정성 확보가 불가능하다는 '대체성 원리'를 내세운다. 반면 거부하는 쪽은 검찰수사가 미진하면 특검을 해도 좋다는 '보충성 원리'에 더해 검찰권 보호와 삼권분립의 명분을 덧붙인다.

필자의 눈에 이런 명분들은 서로 밀리지 않겠다는 불패 의지에 내년 총선정략을 덧칠한 것으로 보인다. 고래 싸움에 터지는 새우등 신세인 국민은 정치인을 잘못 뽑은 죄로 한숨만 내쉰다. 산적한 국정은 표류하고 국민정서와 민생은 혼란에 빠진다. 아무리 정치의 생리가 권력투쟁이라지만 좀 심하다.

우리가 뽑은 국민의 대표들에게 너무 높은 덕성과 지혜 그리고 세련된 정치를 기대했던 것은 아닐까. 혹시 지금의 충돌정국이 헌정 틀의 불비와 정치권의 잘못된 운용 때문은 아닐까 하는 생각이 새삼 든다.

우리의 대통령제는 그것의 전형인 미국과 달리 내각제의 요소가 많이 혼합되어 있다. 국회는 국무위원 해임 건의권을, 행정부는 법률안 제안권을 지닌 것이 그 예다. 또한 행정부가 법률안 제안권과 거부권을 동시에 가졌다. 이렇게 된 것은 각 제도의 좋은 요소만을 결합하려는 취지에서 비롯된 것이나 현실은 반드시 좋은 결과를 낳지 않는다.

첫째, 김두관 전 행자부장관의 사례처럼 대통령이 해임 건의를 받아들이지 않을 경우 장관의 자진 사퇴말고는 제도적 해결장치가 없다. 아예 건의를 하지 않거나 건의를 무조건 받아들이면 문제가 발생하지 않지만, 그렇지 않을 경우 혼란이 더해진다. 이런 문제를 풀려면, 미국처럼 국무위원을 대통령의 비서로 간주해 해임건의제를 폐지하거나, 국민의 심판을 구하는 내각제로 바꾸는 대안을 생각해 볼 수 있을 것이다.

둘째, 전문성과 정보생산 및 접근력이 높은 행정부에게 법률안 제안권을 부여한 것은 이해할 수 있지만, 대통령에게 법률안 제안권과 거부권을 아울러 준 것은 행정주도의 통치정서와 과도한 권한집중을 불러올 수 있어 문제다. 미국처럼 대통령에게 거부권만 부여한다면 그 행사 횟수가 지금보다 수십 배 많아지더라도 제왕적 대통령이라는 말은 나오지 않을 것이다.

셋째, 행정부의 법률안 제안권은 국회의원의 국정 책임성과 연구조사 유인을 크게 약화시킨다. 우리나라의 전체 법률안 제안 가운데 의원발의 비율은 11대 국회 41퍼센트, 14대 36퍼센트, 15대 58퍼센트에 지나지 않는다. 가결률은 더욱 저조하다. 15대국회의 경우 총의원 발의안은 40퍼센트, 행정부와 협의 없는 순수의원 발의안은 14퍼센트만 가결되었다. 이에 견주어 정부발의안의 가결률은 82퍼센트에 이르렀다. 이런 사실은 제도개선의 충분한 사유가 될 것이다.

지금과 같은 정치풍토와 헌정의 틀로는 군사정권이나 권위주의 시대가 아니라도 제왕적 대통령의 출현, 그리고 여소야대 상황에서 심화하는 정치 갈등의 혼란을 피하기 어렵다. 비록 지난 55년 동안 시행되어 국민에게 익숙한 제도이기는 하나, 지금의 대통령제는 다시 생각해야 하지 않을까.

도를 넘어선 극한 정치투쟁과 대중정치 지향의 대통령과 각료들이 만들어내는 교묘한 정치교배술(hybrid tactics)은 정치적으로는 성공을 가져올지 모르나 그 거래비용이 너무 많이 들어 국민과 나라는 멍들 수밖에 없다. 또 정치인들이 국민정서에 이반하는 집단적 행동을 막무가내로 해도 현재로선 속수무책이다. 그래서 제한적인 국민소환제 같은 제도적 장치도 필요하다고 생각한다.

(『한국일보』 '아침을 열며' 2003. 11. 30)

10. 읽어버린 한 해의 단상

민중이 표출하는 지배적 관심사만큼 그 시대상(像)을 잘 말해 주는 것도 없다. 확신과 믿음 그리고 역동성이 넘치는 시대에는 민중들 사이에 비웃음과 불용(不容)의 말 따위가 나타나지 않는 법이다. 그 반대의 시대에는 자조와 역설적 표현들이 시중에 넘쳐난다. 은어와 비어, 금서가 그것이다.

과거 권위주의 시대 김지하의 「오적(五賊)」 등 이른바 불온서적들은 군사독재와 반민주에 저항하는 민중의 정서를 대변하는 것이었다. 프랑스혁명 때 그들 국민들로 하여금 목숨을 걸고 행동하게 한 힘의 뿌리를 파보면 거기에도 금서가 있었다.

예컨대, 『뒤발리 백작 부인의 일화』 같은 금서가 '낮은 신분 때문에 궁정과 그 영화에 접근하는 길을 빼앗긴 소박한 시민'들의 혁명의식을 부추겼던 것이다. 따라서 올바른 지도자라면 시중에 퍼져 있는 역설과 자조를 정확하게 판독하고 그에 대응해야 한다. 그것이 나라경영자의 책임이고 의무이다.

참여정부 출범 1년이 다가오는 지금, 우리 국민의 지배적 관심사는 어디에 있는가. 행동이 뒤따르지 않는 정부와 열린우리당의 개혁구호에 있을까.

불행히도 지금 우리는 개혁의 당위성에 동의하면서도 정부와 정치권의 개혁방향과 역량에 거의 기대를 걸지 않는다. 이것을 두고 소수여당의 한계니, 구질서 파괴과정에서 나타나는 과도기적 현상이니 하기에는 참여정부의 앞날에 대한 뚜렷한 믿음이 서지 않는다. 경제성장률 추락과 불안정성 때문만은 아니다. 문화의 지체와 자아상실 위기에서 비롯된 것도 아니다.

그것은 최근 교수들이 뽑은 올해의 사자성어 '우왕좌왕'(右往左往)처럼, 나라의 정책이 불확실성과 불신을 불러왔기 때문이다. 국민들은 '잃어버린 지난 1년' 동안에 오히려 아노미적 혼란에 휩싸였는지도 모른다.

우왕좌왕하며 실종된 개혁의 사례는 폭넓다. 참여정부 출범 뒤 화물연대 강경투쟁 방치 등 노동정책의 난맥, 교육행정정보시스템(NEIS)을 둘러싼 갈등조정의 실패 등 교육정책의 표류, 새만금간척사업과 부안방폐장 등 국책사업을 둘러싼 갈등…….

자유와 정의의 지킴이인 법조계와, 나라의 밑바탕인 공직사회의 부조리와 부정합성(不整合性) 등이 엘리트계층에 대해 가지고 있던 일말의 기대마저 허물어뜨렸다.

증여세 포탈로 논죄할 수 있는데도 대가성 유무로만 판단했던 불법정치자금에 대한 재판, 검사가 허위문서를 작성하고도 할 말이 있다고 주장하는 억지, 불법 과세한 세무공무원이 승승장구하는 역설, 외교관의 부정비자발급 수뢰와 관행적 예산유용, 병영의 하극상과 부정축재 장군의 사례 등이 그것이다.

정치권의 부정백태와 몰염치의 점입가경은 잃어버린 지난 1년의 슬픈 단상을 증폭시킨다. '차떼기'와 '책포장' 등 기막힌 아이디어를 끌어와 막대한 불법정치자금을 챙기고서도 '너 죽고 나 죽자'는 식의 물귀신 술수를 보이는 정치권, 측근 비리가 터져 나오는데도 부정의 규모가 상대 당의 10분의 1이 안 된다는 '비교우위'로 사면을 바라는 두꺼운 얼굴, 지도층의 이런 모습들이 국민들에게 국가에 대한 확신과 희망은커녕 냉소와 좌절을 심어준 것이다.

새해에는 정치, 행정, 사법의 수장, 특히 대통령은 노자(老子)가 도덕경에서 말한 '네 가지 군주 가운데 가장 훌륭한 군주'인 '백성이 그 존재를 인식하지 못하는 군주'가 되기를 바란다.

하루가 멀다 하고 흥분과 쟁점을 불러일으키는 '참을 수 없는 다변의 가벼움'과 '민생을 외면하는 이전투구의 정쟁'으로는 결코 내일을 약속 받을 수 없다. 지난날에서 배우지 못하는 국가와 국민에게는 희망이 없다. 잃어버린 1년이 내년에는 제발 생동감 넘치는 한 해로 바뀌기를 바란다.

(『한국일보』 '아침을 열며' 2003. 12. 21)

11. 품위 있고 생산적인 사회를 위해서

필자는 요즘 부쩍 당연한 사실에 의문을 지닌다. 강·절도, 뇌물 공여, 복권·경마·경륜·도박 등의 사행행위, 불법정치자금 수수 등은 왜 나쁜가. 법에 나쁜 것으로 정했으므로 나쁜 것인가. 나쁘지 않다고 규정하면 좋은 것인가.

또 나쁜 일을 저지른 사람에게 처벌을 내리기 위하여 범죄사실을 조사하고 처벌을 구하며 처벌 여부를 결정하는 경찰, 검찰, 법원 등의 구성원은 생산적인가. 더구나 올해처럼 불법정치자금 및 대통령 측근의 부정을 둘러싸고 가장 각광을 받는 검찰의 성업이 과연 박수만 받을 수 있는 일인가.

문명국가의 규범으로 보면 강·절도, 불법정치자금 등이 저마다 성격은 다르겠지만 분명히 공통점이 있다. 이들 행위는 결코 부가가치를 창출하지 못한다는 것이다. 설혹 복권, 경륜, 경마처럼 재미와 건강을 증진시키는 스포츠라 하더라도, 승부에 돈을 걸고 내기하는 것은 따는 사람의 소득이 잃는 사람의 손실대가(零合게임, zero-sum game)이기 때문에 결코 사회적 부를 증진시키는 생산은 아니다. 정부가 세입을 증대시킬 수 있는 범위 안에서 도박업을 허가하는 것은 인간에게 도박의 본성이 있다고 해도 경제적 성장에는 결코 도움이 될 수 없다. 더구나 요즘처럼 경제상

황이 좋지 않은 반면 일확천금을 노리는 사행행위 때문에 개인적으로 폐
가망신하고 자살, 가정파탄 등을 불러오는 것은 품위 있는 일도 생산적
인 일도 아니다.

그러면 그런 행위를 단속하고 조사해서 처벌함으로써 사회기강을 바
로 세우고자 하는 경찰, 검찰 행위는 과연 생산적일까. 앞에서 말한 범위
의 행위가 비생산적이어서 이를 억제할 목적으로 사회규범과 가치를 만
들어내고 제재하는 행위는, 나쁜 것에 대한 대칭개념이므로 생산적인 것
으로 규정할 필요가 있다.

그러나 적극적인 부가가치 창출을 뜻하는 생산활동은 아니다. 그래서
18세기 중엽 중농주의의 창시자 F. 케네는 그의 『경제표분석』에서 부가
가치를 창출하는 부문과 창출하지 못하는 부문을 구분하여 전자를 생산
부문(종사자는 계급)과 불생산부문으로 인식하였다. 물론 케네가 도입한
불생산계급은 농업 외의 종사자를 뜻하기 때문에 오늘날의 눈으로 보면
너무 협소하다.

또 K. 마르크스 등 정치경제학자들은 농업, 제조업, 건설업 등 물적 생
산 부문과 서비스생산 부문을 구분하여 전자만을 생산부문으로 인식하
였다. 물론 서비스업 가운데에서도 기업서비스 등 적극적 생산지원 서비
스 부문과 단순한 오락, 국방, 치안, 사법 행위 등 소극적 생산지원 서비
스 부문으로 구분할 수 있다.

이들 두 관점에 비추어 보면 비록 근대국가의 당연한 업무인 치안, 국
방, 사법 기능 특히 불법자금수수를 일삼는 정치 등은 소극적 생산부문
내지 불생산부문에 가까운 것으로 인식할 수 있다.

후기산업 시대인 오늘에 비추어 서비스 산업이야말로 성장과 국민후
생의 증진을 담당하는 적극적인 생산산업이다. 그러나 기업 및 개인후생
증진 서비스업이 아닌 반사회적행위와 이를 단속·처벌·응징하는 것이
불생산적인 것은 아니나 그 활동의 증가가 사회의 품위와 생산성을 높이
는 것은 분명히 아니다.

그런데도 올 한 해 온통 가방떼기, 차떼기, 채권책떼기 등 불법 대선자

금과 측근비리로 법 정의감에 대한 부정적 정서를 쌓게 하고 이에 대한 수사, 공소, 판결 등을 통한 활동의 증가는 분명히 장기적인 사회안정과 생산활동의 제도적 질서 확립에는 긍정적이지만 생산적인 것은 아니다. 어차피 필요하기는 하지만 악이다.

더구나 참여정부처럼 탈권위 민주사회 구축을 위해서 참여폭을 넓히고 권력기관에 대한 정치개입을 줄이는 것은 좋으나 군대, 정보, 검찰권조차 방치하면 자칫 쿠데타와 검찰 공화국을 만들 가능성이 있다. 그래서 국가안위와 국민의 기본권 보장 및 수호를 위하여 국가원수는 이들 부문에 대한 통치권 행사는 당연하다. 그런데도 포기하는 것과 같은 요즘의 상황은 불생산적인 부문의 확대를 방치하는 셈이고 또 다른 민주정치의 후퇴를 불러올 수 있다.

따라서 우리는 국민의 덕성과 생산활동이 활발해지고 높은 가치로 여겨지는 시대정신이 구축되기를 바란다. 불생산활동 유혹을 최소화하고 그 유혹을 제어할 수 있는 국가권력 행사도 선망의 대상이 되고 박수로 받아들여져서 사회가 품위 있고 생산적인 정신으로 충만하여야 한다.

그것이 통치자의 길이고 정치의 존재이유이다. 그러나 불행히도 올해는 불생산적인 부문이 성업을 이루고 국민의 관심을 끌어들이는 블랙홀로 작용하여 생산부문을 흡수해 버리는 불행한 한 해였다. 새해에는 생산부문이 국민의 호기심과 높은 가치로 정착되는 시대정신이 충만하기를 바란다.

(미게재 원고 2003. 12)

12. 합리적 선택의 한 해가 되기를 바란다

'우왕좌왕'했던 한 해가 가고 갑신(甲申)년이 왔다. 역술인은 원숭이해에 "격변과 혼란이 오는 경우가 많다"고 한다. 비록 우연의 일치이겠지만 120년 전인 19세기 말의 마지막 갑신년이었던 1884년에는 개혁기치를 높이 들었으나 삼일천하로 끝난 갑신정변이 있었다. 60년 전인 1944년 갑신년은 태평양전쟁을 일으킨 일제가 패전의 그늘이 깊어지자 우리 젊은이를 총알받이로, 장년은 노역징용으로, 그리고 자원은 전쟁물자로 징발하는 악행을 저지른 해였다.

그러나 올해는 결코 불행한 역사가 똑같은 내용으로 반복되지 않기를 바란다. 역술인의 예언이 관념적 오류로 끝나기를 바란다. 결코 관념이 현실을 호도하는 일이 없기를 바란다.

사실 작년 한 해는 교수들이 '우왕좌왕'을 사자성어로 선택할 만큼 정치 및 정책에 대한 합리적 선택은 고사하고 선택자체가 이루어지지 못한 해였다. 정치 면에서는 여야가 협력을 해서 부정부패를 저지르지 않기로 합의하는 대신, 상대방의 부정을 둘러싼 이전투구로 날을 샜다. 결국 개혁구호만 높았지 아무것도 한 게 없는 한 해였다.

정책 면에서는 선거공약과 국책사업 여부와 상관없이 집단적 항의 또는 정치적 이해불일치 때문에 번복 내지 시행의 표류로 일관했다. 그리하여 포기해야할 것은 포기하지 않고, 선택해야 할 것만 포기한 셈이다.

사실 하나의 정책이 다른 정책보다 모든 면에서 우월한 것은 없다. 그것은 우리가 어디에 더 큰 관심(가치선택)을 두느냐에 달려 있다. 예를 들어 조세감면이 실업과 인플레이션에 미치는 영향을 평가할 때 실업을 더 크게 걱정하는 이는 조세감면을 찬성하는 데 반해, 인플레이션을 걱정하는 분은 이에 반대할 것이다. 이러한 견해차는 결국 선택가치 차이에서 일어난다.

첫째, 선택가치의 차이는 개인의 이해관계 불일치에서 일어난다. 개인은 자기 이익을 최대화하고자 함으로써 타인의 이익과 서로 부딪힐 수 있다. 다만 협력게임이 다같이 후생을 증대시킬 수 있을 때는 그렇지 않다. 집단 사이에도 같은 성향이 나타난다. 또 개인적 가치와 사회적 가치 사이의 충돌이 어떤 방향으로 조정되느냐는, 시대정신이 사회적 가치를 발전의 핵심요소로 인식하는 보편성을 지닐 경우 사적 이익을 크게 훼손하지 않는 범위에서 사회적 가치가 선택될 수 있다.

둘째, 또 하나의 선택가치 차이는 현재의 이익과 앞날의 이익 사이에 나타나는 시차인식 차이에서 일어난다. 우리는 흔히 "제삿날 잘 먹기 위해서 굶을 수 없다"는 속담을 알고 있다. 현재의 고통이 앞날의 이익으로 상쇄될 수 있다고 하더라도 현재의 고통이 참을 수 없거나 앞날의 이익이 확실성을 지니지 못하면 결코 앞날의 이익을 선택하지 않는다. 설사 앞날의 확실한 이익이 오늘의 이익보다 크다고 하더라도 이를 인식하지 못하면 당장의 이익만 선택하게 된다. 이런 경우가 대표적인 오류 선택일 수 있다.

셋째, 집단 사이의 선택차이 가운데 가장 커다란 피해를 불러오는 것은 정치권력이 국민의 이익을 외면하는 때이다. 정치권력은 권력 자체의 획득을 최대의 가치로 하기 쉽다. 국민을 위한다는 명제는 구호에 지나지 않고 본질은 정치권력의 획득에 머무는 경우가 지배적이다. 작년 한 해 동안 정치권이 민생과 사회안정을 외면하고, 하루가 멀다 하고 정쟁을 불러일으키는 발언과 경쟁을 일삼은 것이 그 예이다. 이 경우도 정치권력 자체만 보면 합리적인 선택일 수 있으나 국민의 처지에서 보면 오류 선택의 대표적인 예이다.

　그런데 사회가 발전하면 할수록 가치체계는 하위체계로 더욱 나뉘고 위계적인 사회구조가 해체되어 정부의 조정능력을 떨어뜨린다. 이것이 레난테 마인츠가 말하는 '다이내믹 사회'의 한 현상이다. 따라서 현대사회에서는 정치권이 끊임없이 사회갈등의 조정방법을 개발하고 역량을 높여야 한다. 더구나 정치권 자체가 정치권의 이익선택 때문에 사회적 이익을 외면하면 합리적 선택을 기대할 수 없다. 올해에는 이런 일에 합의가 이루어질 수 있도록 정치권이 이견조정에 탁월한 영향을 발휘하기를 바란다.

(『한국경제신문』 특별기고 2004. 1. 1)

13. 원로에게 듣자

지난 12일 국회는 헌정 사상 초유의 대통령 탄핵소추안을 가결하였다. 대통령의 직무는 정지되고 그 권한은 총리가 대행한다. 사이버공간과 거리에는 여당과 그 지지집단의 분노가 들끓는다. 자칫 권력 공백이 불확실성, 불안정성, 갈등 심화 그리고 북핵보다 더 큰 지도력의 위기를 불러올까 걱정이다. 시급한 것은 이 위기 국면을 슬기롭게 수습하고 탄탄한 위기관리 체계를 마련하는 것이다. 정치의 날개는 추락해도 국민지혜의 날개가 균형을 잡을 때이다.

사실 어떤 위기에도 인과가 있다. 법적 요건 충족 때문이기는 하지만 탄핵의 직접적 요인은, 대통령이 선거중립의 의무를 위반한 혐의이다. 헌법기관인 선거관리위원회의 의견이다. 선관위 의견을 진솔하게 존중하였더라면 탄핵 정국을 면할 수도 있었을 것 같은 아쉬움이 크다.

간접원인의 핵심은, 정부·여당의 개혁 추진이 보수 야당 등 기득권층을 분해시킬 것이라는 위기감이 팽배한 데 있다. 그래도 개혁을 통하여 40년 권위주의, 분단을 둘러싼 편향적 이념, 지역 집중의 정치구도, 지연과 학연에 얽매인 사회의 경직성은 타파되어야 한다.

그러나 정부여당의 개혁 이념과 내용은 지역구도 타파말고는 뚜렷하지 않다. 정강정책도 아이디어 선점주의와 시책 동조에 그쳐 야당과 차별성도 없다. 개혁추진력과 갈등조정력은 아직도 알 수 없다. 지도력 부재 대신 소수 여당의 한계라면 충무공이 단 12척의 배로 왜선 수백 척을 물리친 임진왜란 때의 명량대첩을 떠올리고 싶다.

또 자유민주사회에서는 생각을 같이하는 사람끼리만 뭉쳐 세상이 잘못되었으니 때려 부수어야 한다고 외쳐서는 통치가 불가능하다. 대부분이 장년층인 보수기득권층의 이념적 편향성과 자기방어 성향에 시대적 합성이 약한 것은 사실이나 사회적 저항세력을 구축하고 있기 때문이다.

따라서 탄핵 정국이 정상화되면 노 대통령과 여당은 다원성 속의 조화를 이끌어내는 여유로운 지도력을 발휘하여야 한다. 사회구성원을 적 아니면 동지라는 이분법적 대립구도 속으로 몰아넣게 된 것이 우연이었다면 각성하고, 의도적이었다면 국가를 담보로 하는 위험한 정치도박이기 때문에 반복해서는 안 된다.

다행히 쿠데타나 남침위협설은 없다. 대신 대통령 직무 대행 체제가 가동되었다. 헌법재판소도 신속하게 절차를 진행시키고 있다. 그래도 탄핵에 반대하는 집단의 저항은 증폭된다. 지혜로운 대화로 사회 안정을 꾀하는 한편, 헌법에 따라 진행되고 있는 탄핵 결정 절차에 영향을 미쳐서는 안 된다.

그래도 우리 사회의 정치 공백 위기를 우려하지 않을 수 없다. 정치 위기와 사회 갈등 증폭 때 이를 완충시킬 수 있는 위기관리 체제가 마련되어 있지 않기 때문이다. 도덕적으로 국민의 존경을 받는 국가 원로는 많지 않고, 실권은 없다 하더라도 내각제 아래의 대통령이나 입헌군주제 아래의 군왕, 대통령제 아래의 상원과 같은 헌법기구도 없다.

이제는 존경받고 도덕성 높은 원로집단을 모실 때인 것 같다. 또 지금은 신속한 의사결정만이 중요한 시대가 아니므로 비록 옥상옥의 우려가 있다 하더라도 양원제, 금기이기는 하지만 만일 내각제를 고려한다면, 또한 존경받을 만하고 원로급인 대통령을 선출하여야 할 것이다.

비록 우리나라에 배심제도도 없고 정치적 판단을 할 수도 없지만 탄핵재판 절차가 진행되는 동안에라도 헌법재판소는 여론보다는 그나마도 적은 몇 분 원로들의 의견만이라도 경청할 필요가 있을 것 같다. 사실과 헌법 그리고 양심으로만 판단한다고 해도 헌법재판은 정치·사회상으로부터 분리되기 어렵기 때문이다.

　사람이 지혜롭기는 하지만 위기를 겪지 않고는 그 심각성과 대응의 절박성을 알기 어렵다. 그래서 헤겔의 "우리가 역사에서 배운 단 하나는 역사에서 아무 것도 배우지 못했다는 것이다"는 명구를 다시 새기며 탄핵소추로 비롯된 위기 국면을 슬기롭게 이겨낼 지혜를 발휘해야 한다.

　　　　　　　　　　　　(『한국일보』 '아침을 열며' 2004. 3. 14)

14. 이성정치의 시대를

17대 총선은 여당의 과반수 의석과 야당의 충분한 견제의석 확보, 그리고 민주노동당의 원내 제3당 진출로 끝났다. 그것은 이성적인 국민이 정계를 황금분할한 지혜의 산물이다. 이념구도로는 개혁적 보수, 냉전수구적 보수, 그리고 진보의 삼각체제를 구축했다. 권력은 40년 동안 고착된 냉전권위주의적 보수에서 개혁보수와 진보 쪽으로 완전히 이동했다. 그 결과 참여, 감성, 그리고 잠재력이 강한 여권이 행정부와 입법부를 장악해 권력과 책임을 아울러 짊어지게 됐다.

정부 여당은 이제 수구세력에 발목 잡혀 통치혼란을 불러오거나 공약한 개혁정책을 슬그머니 꼬리를 감춰 선거에서 이기기 위한 이미지 정치로 그칠 수 없게 됐다. 선거에는 탁월하나 통치에 한계를 보였던 지난 1년을 반복할 수도, 그 비난에 대한 항변도 할 수 없게 됐다. 전투적 리더십으로는 책임을 다할 수 없고 감성적 인기로는 나라의 앞날을 보장할 수 없게 됐다.

따라서 앞으로의 정치는 다음에 유의해야 한다.

첫째, 정치는 탄풍, 노풍, 박풍, 추풍 등 감성에 호소했으나, 국민은 수구에서 진보로, 독주에서 견제와 균형으로, 감성에서 이성으로 응답했다. 사실 감성은 자극에 수동적으로 반응하는 열정성을 지녀 대중지지력 흡수성이 크다. 반면에 이성은 자극에 대해 사실과 예상, 그리고 가치판단에 따르는 능동성과 역동성을 지닌다. 정부 여당이 감성적 리더십에 머물고 국회가 민생과 정책을 외면한 채 정략과 권력투쟁에 매달리면 국민의 이성은 정치를 혐오하고 외면하게 된다. 따라서 국회의원은 당선의 환희보다 할 일과 몸가짐에 열정과 지혜를 발휘해야 한다.

둘째, 이번에는 돈 선거, 흑색비방 선거 등 네거티브 선거 악습은 이전에 견주어 크게 줄었다. 반면에 기이하게도 경기회복 지연, 물가불안, 기업의 해외탈출, 많은 신용불량자와 실업자, 그리고 격차심화 등 절박한 국정과제도 선거 이슈가 되지 못했다. 그런데도 여당이 압승함으로써 월가(Wall Street)를 비롯한 세계 금융시장은 우리 사회에 불확실성이 줄어든 것으로 평가했다. 선거 뒤 주식 등의 시장안정성이 그 예다. 경제를 비롯한 나라 전체에 개혁정책이 힘을 받을 것으로 본 것이다. 이제 정부 여당은 지난 1년 동안 표류했던 개혁정책에 추동력을 발휘해야 한다. 결코 철학과 경륜부족으로 '실을 풀려다가 더욱 헝클어지게 했던' 어리석음을 반복해선 안 된다. 개혁추동력을 가속해 감성정치에 능숙한 정권이란 오명을 벗어야 한다.

셋째, 정치가 권력을 장악하기 위해선 주권자인 국민정서에 호소하는 것이 당연하다. 그러나 이번처럼 탄풍, 노풍 등 국민 분열성 정서호소는 세대간 지지집단간 갈등을 고착시키기 쉽다. 국회와 정부는 따분하고 지루하더라도 이들 사이의 대타협을 모색하고 선거에서 진 쪽의 아픔을 어루만지는 데 소홀해선 안 된다. 어떤 정권이라도 일단 집권하면 지지정당과 지지집단만의 권력이 아니고 모든 국민의 권력이기 때문이다.

넷째, 갈등구조의 대통합 과정은 공화정의 핵심가치이며 의사결정 과정의 표상이다. 갈등계층 사이의 이견조정과 화합절차의 민주성을 보장하기 위해선 국민이 바라는 것(이성)이 무엇인가를 제대로 안 뒤 참여정부답게 공개적 토론과정을 거쳐 이념과 지향성을 달리하는 집단의 이해와 양보를 얻는 인내심과 절차의 중요성을 발휘해야 한다. 그것이 민주적일 뿐 아니라 결정된 이념과 정책을 차질 없이 시행할 수 있는 최선의 길이고, 예측가능성을 부여함과 아울러 위험을 줄일 수 있기 때문이다.

끝으로 40여 년 만의 완전한 권력이동이 "유권자는 선거당일 하루만 주인이고 그 이튿날부터 머슴으로 전락한다"는 J. 루소의 경고가 옳았다고 탄식하는 정치 단상을 남겨선 안 된다. 또다시 정치혐오 및 좌절로 이어져서도 안 된다. 그러려면 앞서 말한 국민이성이 참여와 토론에 반영되고 여과 없이 합의에 이르도록 정당한 절차(due process)를 소중히 여겨야 한다.

노무현 정부와 여당의 시대정신 이해와 슬기로운 지혜, 그리고 역동성에 기대한다. 그것이 이성의 시대를 열어가는 시대정신이고 우리의 바람이다.

(『한국경제신문』 '다산칼럼' 2004. 4. 20)

15. 탄핵정국 뒤의 정책 과제

　나라 안팎의 눈과 귀를 한 곳에 모았던 64일 동안의 탄핵정국이 대통령 직무를 복귀시킨 헌법재판소 결정으로 막을 내렸다. 결과는 한 달 전 총선 때 예고되었다. 한나라당 등 야당의 오만과 억지가 "대통령 못해먹겠나"는 따위의 노무현 내통령의 서문 듯한 승부사직 징지술수에 징치적 승리를 안겨준 것이다.

　가장 큰 승자는 국민이다. 국민의 성치수준은 가히 민주주의를 꽃 피울 만했다. 국회 탄핵소추안이 반(反)탄핵여론 속에 강행되는 과정에서 열띤 찬반집회는 있었어도 충돌은 없었다. 17대 총선의 후유증도 거의 남기지 않았다.

　참여정부는 이제 1년 반의 잃어버린 국정을 회복할 때다. 반탄핵 국민여론 속에서 여당이 절대다수인 과반수를 차지하여 권력과 책임을 한꺼번에 움켜쥐었기 때문이다.

　무엇보다 급한 것은 추락위기에 직면한 경제력 회복과 사회통합이다. 구체적으로는 재벌개혁과 호의적 노사관계 구축, 높은 가계부채와 마이너스 순저축 개선, 사회안전망 확충과 사회대통합 기반 구축 등을 꼽을 수 있다. 물론 정당 등 사회지배집단의 이념·개혁·반개혁 논쟁 가열과 성장·분배 등을 둘러싼 정체성 정립 결여도 빼놓을 수 없다. 특히 대외

의존도가 높은 우리 경제가 유가급등, 중국과 미국의 긴축, 헷지펀드 유출 가속 등의 외생적 충격을 흡수하고 변동성을 최소화할 수 있는 경제력을 갖추는 게 매우 절실하다.

외생적 충격 흡수력의 가장 큰 요소는 한 나라의 경제주체 모두에게 강한 '경제의지'(The Will to Economise)를 불어넣는 것이다. 정부가 앞으로 불확실성과 위험을 최소화하고 기업과 개인이 확신을 갖고 그것을 수용하면 내생적 충격은 물론이고 외생적 충격도 충분히 흡수할 수 있다. 그러나 지금의 정부와 기업 모두 충격대응력이 매우 취약하다.

따라서 탄핵정국을 돌파한 노 대통령과 열린우리당은 국민의 경제의지를 되살리고 외생적 충격흡수력을 극대화하는 데 온 힘을 기울여야 한다. 첫째, 성장과 분배는 조화의 대상이지 일방적 선택의 대상이 아니라는 것을 인식하고 정책개발에 힘써야 한다. 참여정부는 출범한 지 1년 3개월이 지났는데도 '성장과 분배'를 둘러싼 좌표를 확정하지 못한 채 표류하고 있다. 국민과 기업은 정부여당의 정책안정성은 물론이고 확실성을 인식하기 어렵다. 성장과 분배는 시장체제에서 상충성을 지닌다. 한쪽의 극단적 요구는 다른 쪽을 제약하며 균형을 지향하는 사회적 선택과 함께할 수 없다.

둘째, 지지집단의 이해 대변을 경쟁하기보다 효율적이고 조화로운 정책수단과 방법을 개발하는 데 온 힘을 기울여야 한다. 정책은 원래 국민경제에 주어진 과제, 즉 목표를 달성하기 위한 조화롭고 효율적인 수단과 방법을 발굴해 시행하는 것이지 저마다 자기 희망사항을 놓고 다투는 것이 아니다. 희망사항만 많고 대안은 없는 토론은 실용주의가 아니다.

셋째, 어차피 국민경제의 과제를 해결하기 위한 정책, 즉 수단과 개발 시행은 행정부 중심으로 이루어진다. 그러나 상황이 어렵고 정부여당 사이, 부처 사이에 이견이 있을 때마다 "경제부총리에게 힘을 실어줘야 한다"고 주장하는 것은 본질적이지도, 현실에 적합하지도 않다. 자칫 특정 집단의 이익만을 대변할 수 있기 때문이다.

어떤 합의체 구성원, 예컨대 국무회의의 구성원인 장관 사이에도 정책

이견은 있을 수 있다. 문제는 합의되지 않은 정책에 대해 경쟁적 또는 책임회피적 외부발표로 의사결정에 혼선을 일으킨다는 것이다. 이제 대통령을 포함한 국무위원도 '합의체의 동일성' 원칙에 따라 사실확인과 토론은 가열하되 합의되지 않은 정책은 여론수렴 또는 판결표시를 제외하고는 외부에 드러내지 말아야 한다. 중구난방형 의견은 경제주체, 특히 기업 활동에 혼란과 불신은 물론이고 불확실성을 높이기 때문이다.

끝으로 새 정부가 출범한 지 1년 반이 지난 지금도 정책실패에 대한 질책이 있을 때마다 전 정권 책임타령을 하는 경우가 있다. 그것은 책임 있는 정부의 자세로 볼 수 없다. 이제 안정된 지지기반과 국회의석을 기반으로 강한 경제틀을 마련할 때다. 정부여당의 정확한 현실인식과 지혜를 바란다.

(『서울경제신문』 특별기고 2004. 5. 14)

16. '자주'라는 언어의 정치

　정치권과 여론은 가끔 정제되지 않은 선동적 강령과 용어로 우리를 어리둥절하게 한다. 첫째는 내용을 달리하는 가치체계에 같은 용어를 붙여서 혼란케 하는 경우이다. 광복 뒤 자유진영과 공산진영은 서로 자기 쪽이 진짜 민주주의라고 주장했다. 민주주의에 대한 충분한 이해가 없는 우리는 어리둥절할 수밖에 없었다. 다행히 지금은 사회주의체제를 방법론적 개인주의에 바탕으로 한 자유민주주의라고 생각하는 이는 없다.

　1961년에 쿠데타로 정권을 장악한 군부는 "반공을 국시(國是)로 하고"라는 공약을 내걸었다. 그러나 우리는 반공은 좋으나 그것이 국시여야 하는지에 대해서는 의문이 컸다. 자유민주주의 국가의 국정근본 이념은 자유와 민주이다. 반공은 공산주의체제에 대하여 자유와 민주를 지키려는 전략가치일 뿐이다. 따라서 공산주의체제가 무너지면 전략으로도 반공이 존속할 수 없게 된다. 하물며 국시가 될 수 있을까.

　두 번째는 대칭개념이 아닌데도 강령성 용어를 대칭시켜 국민의 사실인식과 판단을 오도하는 경우이다. 그 대표적인 예가 지난해 10월 이라크 추가파병을 놓고 빚어진 청와대와 외교통상부 사이의 이견과, 1월 13일에 외통부 북미국(北美局) 안의 공무원이 대통령에 대한 비방과 자주외교노선에 반기를 들었다는 이유로 징계를 하면서 부상된 '자주(파)'와

'동맹(파)' 사이의 갈등 논의이다. 이 갈등은 결국 윤영관 외교통상부장관과 라종일 국가안보보좌관을 경질함으로써 자주파가 승리한 것으로 막을 내린 셈이다.

그러나 자주와 동맹 개념을 대칭시키는 정책노선이나 논쟁범위에 대해서는 이해하기 어렵다. 주권 개념의 창설자인 프랑스의 J. 보댕은 주권을 "독립국가의 대외적 자주성을 뜻한다"라고 정의했다. 최근 다원적 국가론과 국제법 우위론의 영향을 받아 국가주권을 부인하는 이론도 있으나, 주권은 아직도 독립국가 고유의 대외적 가치이며 UN도 "모든 가맹국의 주권평등 원칙에 바탕을 둔다"고 인정하였다.

따라서 자주는 국가가 추구해야 할 이상이고 목표이다. 또 주권국가의 대외적 가치로 영속되는 것이어서 결코 포기될 수도 없지만, 동맹과 대칭시킬 수도 없는 개념이다. 반면에 동맹은 안보를 위한 전략이다. 독립국가가 주권을 방어하기 위한 전략수단이다. 그 내용은 '일정한 경우(causus foederis) 쌍무적 법적 원조 의무를 지는 국가 사이의 조약으로 맺어지는 합의'이다. 쌍무적 부담 의무가 없는 보호 또는 담보조약과는 다르지만, 그 반대개념은 자주가 아니라 비동맹, 반대동맹, 나아가 집단안보와 대칭된다.

예컨대 1945년 국제연합헌장, 1949년 북대서양조약 따위는 집단안보조약이다. 반면에 불평등조약으로 일컬어지는 1953년 한미상호방위조약은 동맹조약이다.

더구나 허무맹랑하게도 자주가 반미 또는 친북이고, 동맹은 친미 또는 반공으로 인식되고, 자주는 좋은 것이고 동맹은 나쁜 것이거나, 그 반대로 인식하는 데 이르러서는 아연실색할 수밖에 없다. 더군다나 자주파와 동맹파가 구별되지 않는다면 실체 없는 허위 논의일 수밖에 없다. 그것은 논리적 부정합성을 악용하여 보수와 진보 사이의 다툼을 일으키기 쉬운 전략에 지나지 않는다.

그런데도 청와대 인사수석이 '자주적인 외교정책' 또는 '자주외교는 균형 잡힌 실리외교'라는 점을 강조하면서 언론의 이분법적 보도를 마땅

찮게 바라보는 것이야 말로 잘못된 자주와 동맹인식이다. 더구나 '실체 없는 자주파 운운이 도리어 노무현 정부의 대미 굴종적인 외교정책에 면죄부를 준 셈'일 수 있다.

따라서 필자는 비록 정치라고 할지라도 국민의 현실인식과 대 정책 판단 기조를 흔드는 정강 또는 정책 등의 사용이 거듭되어서는 안 된다고 본다. 언론은 이를 제대로 바라보면서 잘못된 정강 정책을 해설하고 국민들이 정확한 판단을 하도록 정보를 제공하는 데 힘써야 한다.

(『한국일보』'아침을 열며' 2004. 2. 1)

17. 이념정당 체제로 전환을

'한·칠레 자유무역협정(FTA) 비준 동의안', '이라크 추가 파병 동의안', '비위 혐의 의원 석방 결의안' 따위가 통과될 때 보인 정당과 의원들의 행태는 이념, 당론 등 정체성을 알 수 없는 혼란의 극치였다. 이런 정치 상황에서 중요한 몇 가지 사실을 발견한다.

냉전, 분단 그리고 군사독재 정치의 산물이기는 하나 우리 정당은 보수말고는 다른 이념 싱향 및 정책 추진 의지가 매우 불투명하다는 것이다. 오직 선거 승리가 이념이고, 정책과 갈등 조정은 이념 대신 집단적 여론에 따라 우왕좌왕한다. 경제와 사회는 끝없이 추락한다. 왜 이렇게 되었는가.

첫째, 우리 정당은 40년 동안 권위주의 독재권력에 대한 저항을 통해 존립하면서 반사적 자유주의 성격을 지니게 됐다. 정당의 역사적 비전과 이념적 정체성 그리고 응집력은 매우 약하다. 이 때문에 중력이 강한 권력 배경이나 3김처럼 카리스마적 지도력이 없으면 정당과 정치인 모두 동요하고 불안정해진다.

둘째, 정치인 특히 국회의원은 기본적으로 유권자의 이해와 정서의 노예가 되는 반역사성을 지니기 쉽다. J. S. 밀의 의원관처럼, "당선되는 순간 지역구 대변인이 아니고 국가 의사결정의 대표자"라는 인식이 없거나, 있더라도 지역구민 눈치보기에 사로잡힌다.

셋째, 최근 선진국 의회정치에서도 볼 수 있지만, 이념 성향이 약한 국회의원들은 여야 할 것 없이 특정 목적을 중심으로 뭉치는 '패거리화' 현상을 보이고 있다.

넷째, 언론은 정당과 의원의 좋은 정책대안 10개보다 의원들의 몸싸움 하나에 더 많은 관심을 둔다. 부정적 비판만이 눈에 띄고 창조적이고 발전적 현상과 태도는 언론과 대중의 관심을 끌지 못한다. 따라서 정당 내지 정치인이 정책 또는 이념을 제시하는 정책선거에 힘쓸 리 없다.

그 대신 부정선거에 급급해 부정부패에 대한 죄책감 대신 정치자금 무류(無謬)의식에 사로잡혀 정의감각이 마비된다. 이를 응징하기 위한 검찰의 정치자금 수사는 오히려 정치를 비정치화시켰다. 따라서 지역구도 타파 및 깨끗한 정치 이상을 바탕으로 한 정치개혁과 정치 활성화가 시급하다.

그러기 위해서는 인기 정책 선점주의 수준의 특색 없는 정당을 차라리 명백한 이념정당 체제로 바꾸고 정책을 명시하되 민주적 의사결정과 수용 자세를 바로 세워야 할 것이다.

어떤 사회든 이해관계를 달리하는 집단과 갈등은 있게 마련이다. 생산적 정치는 이해집단의 정체를 명백히 하고 그 갈등의 범위를 인식하여 다양한 사회적 이해관계를 정치적으로 대변·설득하며 조정하는 것이다. 다행히 그와 같은 싹과 조건이 성숙되고 있다. 차별적 이념 경쟁의 족쇄인 남북 분단은 계속되고 있으나, 권위주의와 냉전 체제 붕괴로 자유민주주의의 우월성이 검증되었기 때문에, 이제는 이념적 다원성이 허용될 수 있다. 그 예가 진보적 이념을 명시한 민주노동당의 부상과 의회 진출 가능성이다.

나아가 다양한 시민단체가 색채를 뚜렷이 하면서 정치인에 대한 낙선, 당선 운동을 강화하고 있다. 전경련, 대한상공회의소와 기타 우파 시민단체들도 특정 정책 이념을 명시하는 정치인에 대해 지지와 반대 의사를 뚜렷이 나타낸다.

사회를 감시하는 언론도 진실 추구와 역사적 사명을 인식함으로써 선동적 저널리즘에서 벗어나는 경향을 보인다. 국민들도 이념정당 출현에 대한 이해를 넓혀가고 있다. 따라서 정치 개혁 방향은 지역구도 타파나 여성의 정치 참여 확대, 그리고 부정부패 극복 수준을 넘어서야 한다.

기득권 포기 없이 구호만으로 개혁되는 것도 아니며 이념 없는 개혁 구호는 공허할 뿐이다. 어차피 정치는 이념을 같이하는 집단의 권력투쟁 과정이지만, 차별적인 이념과 정책 그리고 민주적 의사결정을 수용하는 정치풍토 조성 없이는 국민의 지지를 받을 수 없다.

정치권은 국민의 수준 높은 정치의식을 두려워해야 한다.

(『한국일보』 '아침을 열며' 2004. 2. 22)

18. 열린사회의 위기

칼 포퍼는 플라톤, 헤겔, 마르크스 등의 역사주의 전체론과 유토피아주의를 배격했다. 개인의 자유와 권리가 보장되고, 이성과 비판적 합리주의로 판단하고 행동하며 책임지는 '열린사회'의 적이기 때문이다. 열린사회는 점진적이며 진화적 발전을 지향하는 영국의 페비안(Fabian)과 오스트리아의 자유주의 전통 이념과 부합한다. 그러나 '현명한 자가 이끌고 통치하며 무지한 자는 따라야 하는' 플라톤의 엘리트 국가주의를 거부한다. '프롤레타리아 독재를 지향하는 사회주의'와는 애초부터 융합할 수 없다.

20세기 말 현실사회주의 체제가 무너지고 냉전이념 또한 붕괴한 뒤 포퍼 철학은 세계적으로는 초국가 권력에 맞서고 한 나라에서는 권위주의를 해체하는 이념으로 자리 잡았다. 열린사회에서는 의견을 달리하는 사람들이 서로의 잘못을 발견하여 조화하고, 감정과 정열에 호소하기보다 이성과 경험에 호소하기 때문이다.

그러나 현실세계에서는 유일 초강대국인 미국이 한 손에 '자유와 민주 그리고 평화의 깃발'을, 다른 손에 '총과 핵'을 들고 세계를 지배한다. 나라별로는 자유와 민주화 수준에 따라 군사, 지식, 언론(정보), 경제, 전통 등의 권력이 여러 모습으로 지배한다. 위대한 민족이나 지도자, 계급, 때

로는 광기의 이념지배 유혹 때문에 다원주의와 이성에 바탕을 두는 자유
주의 사상과 끊임없이 충돌한다.

예컨대 지금의 미국은 무자비한 19세기 제국주의 국가와는 달리 자유
와 민주의 기치를 내걸었음에도 '교묘한 제국주의'의 길을 걷고 있다. 해
외에 7백25개의 군사기지를 두고, 조지 워싱턴이 우려한 제왕적 대통령
제 아래서 펜타곤과 미 중앙정보국(CIA)이 세계지배 권력을 행사한다.

수많은 분쟁지역과 이라크처럼 미국의 이익에 배치되는 나라에 대한
일방적 공격은, 아랍 민족의 이해와는 물론 '열린사회'의 이상과도 충돌
한다. 구 제국주의 식민지배 아래서 줄기차게 저항했던 독립운동 차원의
게릴라식 테러전이 그 한 예이다. 탈레반과 아랍권이야말로 초강대국인
미국의 세계지배권력 해체를 요구하는 용감한 세력인 셈이다. 그리고 미
국 스스로는 거대 군사프로젝트에 자원이 집중되어 민생경제를 외면하
고 인류의 복지증진을 거역한다. 이것이 미국의 정치학자 찰머스 존슨이
말하는 '제국의 슬픔'이다. 그래서 테러는 미국식으로 '싸워서 뿌리 뽑아
야 할 문제'이기보다 유럽식으로 '관리해야 할 위협'으로 대응하는 것이
열린사회의 지혜이다.

한국은 지금, 5·16 군사쿠데타 이후의 권위주의 시대가 막을 내리고
시민운동과 인터넷 속의 익명의 다원적 의지가 폭발한다. 권위주의 정치
권력은 물론 여론지배 집단이었던 오프라인 언론과 지식권력은 빠르게
주변부로 미끄러지고 있다. 개발세력이었던 노년층은 물론 민주화와 함
께 여론층으로 부상했던 시민운동가조차 사이버권력에 등을 떠밀리고
있다.

이른바 구 권력 해체를 통한 새 권력구축 시대로 접어든 것이다. 2002
년 월드컵과 미군장갑차에 의한 여중생 압사사건에 항의하는 촛불시위
로 구축된 민중권력은, 대통령 탄핵정국 이후 불법이라는 유권해석도 받
아들이지 않고 법 권위마저 위협한다.

이 모두 세계적 흐름인 '구 권력 해체와 새로운 열린사회에 대한 지향'
일 수 있다. 그것이 시대정신이기 때문이다. 그러나 권위의 상실과 비판

적 합리주의의 약화로 말미암아 역사진보의 역동성이 훼손되어서는 안
된다.

그래서 필자는 초강대국 미국이 제왕적 대통령제 아래서 국방과 정보
라인으로 이동시킨 권력을 국민의 대의기구인 의회로 다시 환원시키기
를 바란다. 독립운동형 게릴라전은 관리해야 할 위협이지 때려 부수어야
하는 악의 뿌리는 아니다.

우리를 비롯한 세계는 이성과 비판적 합리주의가 보편적인 사상으로
자리잡고 부분적이고 점진적인 진화 발전을 지향하는, '열린사회' 시대
정신의 구현을 이상으로 삼아야 한다. 그것이 권력 해체 시대의 역동성
회복의 대안이기 때문이다.

(『한국일보』 '시사칼럼' 2004. 4. 4)

19. 지적(知的) 활동의 위기

　지금은 철학자말고는 철학에 대한 관심이 매우 적은 시대이다. 존재에 대한 의문은 사치스런 지식인의 관념이고, 사물과 사건의 실체적 또는 논리적 진실을 판단하기 위한 방법론이나 논리추구는 천재들의 궤변으로 여겨져 힘몰되고 믿다. 가치추구도 좋게 말해서 희망과, 기복하게 표현해서 주장이나 동조요구 속으로 숨어 버린다. 그러나 현실은 객관적 사실과 논리적 무류(無謬)성을 확인할 수 있는 합리적 방법과 논리체계가 더욱 절실하다.

　사실 21세기의 과학문명은 높은 수준의 합리주의적 과학문화에 뿌리를 두고 있다. 그러나 개인과 집단 모두 이해관계에 따라 정반대의 사물인식과 가치판단에 휩쓸리는 것이 흔하다. 합리적 절차에 따른 확인과 검증은 외면한 채, 같은 사실과 존재유무에 대한 인식만 달리한다. 특히 합목적성을 심화하는 정계, 노사, 언론계의 동향이 그 대표적인 예다.

　그런데도 보통사람은 물론이고 지식인조차 사실(fact)과 주장(assertion)의 차이를 모를 때는 말할 것도 없고, 알고서도 일부러(?) 혼동한다. 원래 '사실'은 우리가 그 사실에 대한 지식을 갖고 있든 없든 관계없이, 그리고 여러 사람 사이의 합의나 믿음, 해석과도 무관하게 외부세계에 존재하는 그 자체 상황이다. 예컨대 세종대왕이 태종의 몇째 아들인가와, 빛이 태양에서 지구에 이르는 데 걸리는 시간이 얼마인지를 모른다고 해서, 태종의 아들 순서와 빛이 지구에 이르는 시간이 객관적으로 존재하지 않는 것은 아니다. 다만 보통의 우리가 모를 뿐이다. 또 '갑(甲)이 을(乙)을 죽였다'는 사실 여부는 여러 사람이 그렇게 믿는다고 해서 사실이고, 믿지 않는다고 사실이 아닌 것이 아니다. 믿음과 사실은 별개다.

그러나 현실적으로는 정보와 인식한계 때문에 오랫동안 '적어도 지금 누구도 이의를 달고 있지 않는 어떤 상황[제마르 푸레, 『과학의 구성』(1992)]'을 사실로 정의하거나, 묵시적으로 동의하는 잘못을 저지르는 경우가 대부분이었다. 코페르니쿠스 이전까지는 거의 모든 사람이 '태양이 매일 지구의 주위를 도는 것'으로 믿었다. 그러나 이 다수의 믿음은 사실이 아니었다. 이의(異議) 없는 다수의 의견 또는 여론을 합리적 절차에 따라 확인하고 검증하지 않은 채, 사실로 믿었던 잘못을 저지른 것이다. 그런 뜻에서 볼 때 '사실' 확인은 상대주의의 산물일 수가 없다.

따라서 확인과 검증 없이 다수의 믿음으로 사실임을 인식 또는 강요하는 것과, 희망사항이나 미검증 주장을 사실이나 법칙으로 착각하는 것이야말로 정치적으로는 정쟁수준에 머물지만 지적으로는 인식의 황폐화를 불러온다. 뿐만 아니라 이론도 논리와 사실확인으로 검증되기 때문에 이론은 사실에 의해서 논박당할 수밖에 없다.

결과적으로 교육적인 필요를 제외하고는 합리주의에 의해 확인된 사실과 검증된 법칙이 아닌 희망사항이나 주장을 사실과 법칙으로 인식하거나 잘못 인식하도록 이끄는 것이야말로 지금 우리시대 지적활동의 대표적인 허구일 수밖에 없다. 다만 경직된 '사실' 개념을 바탕으로 하는 주장과 교육이 자칫 창의성을 억압하고 비판정신을 고무시키는 데 실패할 수 있으므로 이들을 역설적 논의의 주제로 삼을 수 있다. 따라서 스스로의 고정관념뿐만 아니라, 사실확인과 교육대상의 고정관념을 타파하려면 사람의 인식은 잘못될 수 있다는 폭넓은 생각을 지녀야 한다.

'사실'들은 우리의 주장과는 별개로 존재하고, 검증은 합리적 방법론의 한계성을 지니기 때문에, 지속적으로 연구하고 창의적으로 교육하려면 합리주의에 바탕을 둔 확인과 검증 결과조차 또다시 그리고 지속적으로 '사실'들과 대조작업을 벌여야 한다.

그러나 합리주의 절차에 따라 확인되고 검증된 사실은 일단 존중되고 추구해야 한다. 이를 부정하거나, 사실과 다른 희망사항이나 주장을 사실처럼 오도하고 주장하는 것은 현실적으로나 학문적으로 옳은 일이 아니다.

지금 우리는 이 점을 중시하고 확인과 검증을 바탕으로 하는 소박한 인식방법과 사실 속에서 흔들리는 지적활동의 위기를 빨리 극복해야 한다. 그것이 시들어 가는 철학적 사고와 발전에 대한 중요한 희망 가운데 하나이기 때문이다.

(『한국경제신문』 '다산칼럼' 2002. 8. 22)

20. 포퓰리즘에 대한 오해

우리는 흔히 같은 말글을 쓰면서도 서로 다르게 이해하고 오해하는 경우가 있다. 일상 말글보다는, 전문가 사이 또는 그들의 용어, 특히 추상성이 높은 철학, 사상, 이념 등의 언어나 낱말에서 많이 볼 수 있다.

1998년 '국민의 정부'가 들어선 뒤로는 정권교체에 따른 기득권익의 상실을 걱정해서인지, 국민다수(대중)에 부응하는 정책성향에 대해 '포퓰리즘(人民主義, Populism)'적이라고 비판하는 언론과 평론이 많았다. 아마도 기득권층이 경계색으로 이 용어를 사용해서 정부정책에 대한 국민적 지지를 희석시키고자 한 것 같다.

본디 포퓰리즘은 '여러 사회정치운동이나 국가정책 이데올로기를 가리키는 다양한 뜻을 지니는 개념'으로 문학에서도 많이 쓰인다. 따라서 일반적 개념을 추출하기도 어렵지만, 이를 본뜻과 다르게 사용해서 뜻이 왜곡되고 듣는 자가 오도되는 때도 흔하다. 최초의 사회정치운동 이념인 포퓰리즘은 19세기 말 미국 남서부에서 일어난 집산주의(集産主義, Collectivism) 지향의 농민운동을 가리키는 말이다.

두 번째는 또한 19세기 말 제정(帝政) 러시아 혁명사상으로서 비자본주의적 발전을 지향하는 '나로드니크주의' 운동의 다른 표현이다. 이들은 '인민의지'를 반영해 제정 러시아를 자본주의 단계를 거치지 않고, 농민공동체와 소상품생산양식을 통해 사회주의적이고 평등한 민주사회로 이행시키고자 했다.

세 번째는 2차대전 뒤 남미, 특히 아르헨티나에서 반특권계층의 지지로 다른 한계(限界) 정적을 통제하기 위해 지도자 개인의 호소력과 후원집단의 교묘한 지지를 업고 정권을 장악한 '페론주의'를 가리킨다.

이밖에 1960, 70년대의 탄자니아가 러시아형의 포퓰리즘을 빌려 발전이념으로 추진한 예도 있으나, 사회주의 체제붕괴 뒤 모두 역사적 흔적만 남기고 사라졌다. 결국 19세기 후반의 비자본주의적 발전이념이고 운동이었던 전통적 포퓰리즘은 이제 모두 효율성, 발전성, 정당성을 잃어버렸다. 따라서 이제 위 네 가지 뜻의 포퓰리즘을 지향하는 발전이념의 재현은 비현실적이고 반역사적이며, 우리 정부가 그런 포퓰리즘을 추구할 까닭도 없다.

그래서인지 최근에 우리 언론 또는 평론가가 즐겨 쓰는 포퓰리즘 개념은 사회정치의 발전이념 실현을 위한 운동이념이라기보다는, 의사결정방식의 다수결성만을 뜻하는 것으로 바뀐 듯하다. 포퓰리즘을 '대중 추수(追隨)' 또는 '인기영합주의'로 보는 것이 그 예다. 그러나 객관적 사실확인이나 운동법칙 인식, 논리적 정합성 판단 등 과학원리 추구를 다수의 뜻에 따라 결정할 수는 없다. 반면에 집단의 선호 여부, 즉 가치판단을 다수결에 따르는 것은 형식적 민주주의의 핵심가치다. 그런데도 '대중 추수'등이 합리성과 정당성을 지니지 못해 비판받기 위해서는 다음 두 가지 의문이 풀려야 한다.

먼저 다수인민인 대중이 비이성적이거나 불합리적이어야 다수결 지향의 포퓰리즘이 배척될 수 있다. 그러나 대중이 비이성적이고 무지한 우중(愚衆)이라면 민주주의 장전으로 받드는 A. 링컨의 '(국민의, 국민을 위한) 국민에 의한 정치' 강령도 정합성을 잃는 모순에 빠진다. 그래도 좋은가.

둘째는 국민대중이 실제는 다수가 아닌 소수인데도 목소리가 커서 다수로 잘못 인식하는 다원적 무지(多元的 無知, Pluralistic Ignorance)에 빠진다는 것을 검증해야 한다. 그러나 보통 평등 비밀선거 등 합리적 절차에 따라 정한 다수의사결정 결과를 다원적 무지라고 단정할 수 있을까. 민주주의 기반에 대한 부정인데도 말이다.

그 어느 것도 아니라면 개혁지향성과 민주적 의사결정 결과를 실패한 전통적 포퓰리즘과 동열에 놓거나, 형식적 민주주의로서 포퓰리즘을 부정하는 것은 기득권익 상실에 대한 저항 수준의 명백한 오류로 보지 않을 수 없다.

따라서 다른 특별한 뜻을 지닌다는 명백한 정의 없이, 잘못된 용어로 개혁지향정책을 매도하는 것은 과학성도 설득력도 지니지 못한다. 그래서 특정 사상과 이념 등에 대한 이해와 오해 사이의 간극이 때로는 역사를 거꾸로 돌려놓을 수 있다는 것을 걱정하지 않을 수 없다.

(『한국경제신문』 '다산칼럼' 2003. 1. 22)

21. 부시와 체니의 독서

1935년은 영국이 낳은 세계적 경제학자 케인스가 『고용·이자 및 화폐의 일반이론*The General Theory of Employment, Interest and Money*』을 펴낸 해이다. 그 무렵은 뒤에 제2차 세계대전을 일으킨 히틀러, 괴벨스, 시트라이헤르 등 나치당의 웅변과 인종이론의 대본이었던 로젠베르크와 체임벌린의 저서들이 유럽을 떠들썩하게 했다.

케인스는 이들을 염두에 두고 '일반이론' 끝 쪽에 "권좌에 앉아 있으면서 하늘의 소리를 들을 수 있다고 자칭하는 미치광이들도 실은 몇 년 전에 보잘 것 없는 학자들이 쓴 책에서 광기를 끌어낸 것"이라며 편향된 책과 사상의 해독(害毒)을 경고했다.

비슷한 독서 해독이 21세기 초에 일어났다. 뉴욕타임스 4월 5일자(국내 신문에는 14일 전후) M. 카쿠타니가 쓴 『미국 정책을 만든 책*How Books Have Shaped U.S. Policy*』은 필자에게 착잡한 심정을 불러일으켰다.

하나는 세계를 호령하며 두 번의 전쟁을 일으킨 부시 미국대통령을 비롯한 체니, 럼스펠드 등이 바쁜 일정에도 열심히 책을 읽고 생각한다는 점이다. 승리를 위한 전략구상은 물론이고 전쟁의 잔인성에 대한 인간적 고뇌도 같이 했음직 하다.

그러나 그들이 책은 읽되 그 내용으로 보아, 인간적 고뇌보다는 초패

권적 국가주의 이상을 실현하기 위해 공격성과 효율성을 높이는 데 힘쓴 것 같다는 점이다. 그들이 읽은 책이 모두 신보수주의적 국가주의를 정당화하고 강화하기 위한 이념과 전략을 제공했기 때문이다. 역설성이 없다면 처음부터 높은 인성과 강한 인간적 유대감의 휴머니즘 정착을 부추길 수는 없는 책인 것이다.

부시가 탐독한 책은 국방정책위원이며 교수인 E. 코언의 『최고사령부—군인, 정치가 및 전시의 리더십』이다. 핵심 내용은 '전쟁을 장군에게만 맡길 수는 없다. 민간인 지도자가 부하 군인에게 간섭하고 지시해야 한다. 군부의 전략적 (종전 또는 후퇴) 요구 대신 전쟁은 완승할 때까지 계속해야 한다'는 것이다. 부시는 이 책에서 극우적인 전쟁 신념을 얻었을 것이다.

체니는 전쟁사 연구가 D. 핸슨의 『전쟁의 가을—미국이 9·11과 테러에서 배운 것』에서 보수적 호전인식을 갖게 되었다고 한다. '전쟁은 처참하지만 문명화를 위해 필수적이며, 악(惡)을 부수고 선(善)을 구하는 대의명분을 위해 수행된다면 부당하거나 부도덕한 것만은 아니다. 적이 남지 않을 때까지 죄의식 없이 길고도 어려운 전쟁에 나서야 한다'는 내용이다. 잔인한 전쟁을 정당화하고 국가주의 신념을 뿌리내린 셈이다.

럼스펠드는 '전쟁의 민간지휘와 응징적 전쟁의 정당성'을 설파한 두 책에서 신보수주의 실현전략을 구체화했다고 한다. 즉 W. 맨체스터가 쓴 처칠의 전기 『마지막 사자』와 R. 올스테터가 분석한 『진주만—경고와 결정』이 그것이다.

저자들은 모두 도덕적 상대주의를 철저하게 배격하고, 고전과 엘리트 교육을 중시하는 천재주의 사상가들이란다. 따라서 이 책들은 단극의 초강대국인 미국 주도의 국제 정치경제 특히 군사적 패권을 뿌리내리는 데 초석이 되는 이념, 전략, 전술을 제공한 셈이다.

그래서 필자는 읽은 이들이 모두 세계지도자인데도 전 인류적 공감형성과 유대감 강화를 통한 사랑과 평화지향의 이상정치 구현을 거부하는 대신, 미국지상의 신보수주의와 전쟁의 정당성을 확신하는 지침서로 탐

독했다는 것을 슬퍼한다.

9·11테러가 일어난 뒤 미국 정치가들의 전쟁 정서 형성과정에서 보인 생태학적 본성은, 어쩌면 인간생태학자 I. 아이볼-아이베스펠트가 말한 "인간은 천성적으로 살인자적 공격 소지를 타고 난다. 다만 깨달음과 이성으로 이 충동을 억제한다. 그것이 사랑과 미움이다" 가운데서 '공격' 소지만 표출된 것 같다.

그래서 L. 스촌디는 "카인이 세상을 다스리고 있다. 의심이 있다면 세계사를 읽어 보라"고 외쳤던가. 물론 독서는 권장해야 하고 책은 많이 출판해야 하지만, "같은 물이라도 독사가 먹으면 독이 되고, 벌이 먹으면 꿀이 된다"는 사실을 외면하기는 어려울 것 같다. 그래서 권좌에 앉아 있는 정치, 경제 지도자일수록 책도 골라 읽어야 하고, 읽는 이의 끊임없는 자기성찰과 인류에 대한 유대의식 강화는 필수적인 것 같다.

(『한국경제신문』 '다산칼럼' 2003. 4. 23)

22. '평등주의 함정론'의 한계

　최근 우리 사회에 반(反)평등주의의 목소리가 커지고 있다. 몇몇 정치인, 대학총장과 교수, 기업인 등 지도층이 이에 앞장서고 있다. 예컨대 최근 '코리아 리더스 포럼'은 평등주의와 평준화를 공개적으로 질타했다. 이들 엘리트집단의 목소리는 선도성과 파괴력이 매우 크다는 점에서 주목하지 않을 수 없다.

　이들의 제기한 '평등주의 함정론'은 강성노조, 집단이기주의, 곱지 않은 기업인관 등이 성과주의를 부인하고 효율과 역동성을 떨어뜨린다는 시각인 듯하다. 또한 '평준화의 덫론'은 고교 평준화가 공교육 황폐화, 교육경쟁력 약화, 나아가 부동산 거품까지 일으킨다고 주장하는 것 같다. 이들은 평등주의가 어렵게 쌓아놓은 우리나라의 역동성과 잠재력을 잠식하고 갈등을 증폭시킨다고 걱정한다. 평등주의가 국민의 성취동기와 경제의지를 무너뜨렸고, 지금의 경제 위기에 대한 대응력이 복원되지 않는 것도 그 때문이라고 말한다.

　물론 상황은 이해할 만하다. 그렇다 치더라도 자유민주주의의 기본가치인 자유, 평등, 정의에까지 의문을 제기하는 것은 지나치다. 담론을 여는 것은 좋지만, 그에 대해 분명한 검증과 국민적 동의를 얻어야 한다.

　구체적인 내용을 담지 않은 채, 자유, 평등, 정의와 같은 관념적 명제에 관해 저마다 논리를 펴대기 시작하면, 그것은 결국 결론 없는 쳇바퀴식 순환론에 빠진다는 것을 알아야 한다. 가령 "모든 인간은 평등하다"는 말은 법 앞에서 출생, 특권, 계급, 인종, 종교 등에 따른 차별을 없애고 기회의 균등이 주어져야 한다는 정치적 도덕적 가치를 뜻하지, 키, 무게, 지적 수준까지 같다는 뜻은 아니지 않는가.

물론 평등주의가 '기회'의 균등말고도 '결과'의 평등까지 추구하면, '효율'을 중추원리로 하는 경제, 그리고 '자아고양'을 기본원리로 하는 민주주의 문화와는 조화를 이루기 어렵다. 평등주의는 결과가 아니라 기회의 균등을 지향해야 하는 것이 민주주의의 기본 정신이다. 따라서 지금 우리 국민이 지향하는 평등의 내용과 한계가 무엇인가를 먼저 검증하고, 그 한계를 벗어난 것이 있을 경우 정치력을 발휘하여 조정하는 일이 급선무이다.

낙후한 교육의 경쟁력을 높이기 위해 개혁이 절박하다고 지적하는 것은 이해한다. 그러나 교육은 인격체에 체화된 지적활동이다. 따라서 교육을 철저하게 효율과 선택의 대상인 순수시장재로 다루어 자유경쟁체제에만 내맡길 수는 없는 일이다.

우리 고교는 지금도 절반인 49.6퍼센트가 비평준화 지역인 61개 시와 86개 군 등 낙후과소(落後過疎)지역에 퍼져 있다. 반면에 평준화 고교는 소득, 문화시설, 교육자원 등이 절대 우위에 있는 과밀지역인 6개 광역시와 17개 시에 있다. 자유경쟁입시가 효율을 높일 것이라는 주장에도 불구하고 비평준화 고교생들의 평균 학력은 평준화 학생들에 견주어 낮다. 일류대학 입학률도 낮다. 따라서 교육효율화는 평준화 문제보다는 자원배분의 문제로 인식하고 대응하는 것이 현실적이다.

우리 국민은 세계에 유례없이 높은 지적 호기심과 성취동기를 갖고 있으며, 교육을 통한 계층상승 욕구도 강하다. 반면에 수준별 성과배분에 대해서는 거부의식을 갖는 이중성을 보이고 있어 이에 대한 조화와 타협이 우선적 과제다. 따라서 함정이니 덫이니 하며 갈등을 증폭시키기보다는 국민정서의 조화를 이루는 데 힘쓰는 것이 급선무다.

필자는 이 땅의 지성인과 지도층은 우리의 역동성과 잠재력을 되찾기 위해서라도 조화와 타협의 시대정신을 살찌우는 데 앞장서야 한다고 믿는다. 검증도 되지 않은 함정론, 덫론 같은 것을 제기하는 것은 새로운 지적 혼란과 갈등을 불러올 수 있다. 더구나 그것은 자유민주주의 가치를 제한하거나 거부하는 것이어서, 국민적 동의과정 없이 멋대로 확산될 경우 체제의 근본조차 부인될 수 있다. 한계를 넘지 말기 바란다.

(『한국일보』 '아침을 열며' 2003. 11. 9)

23. 불안한 엘리트 순환

인간만이 고유의 역사를 만든다. 하지만 정작 스스로는 무엇을 만들어 가는지 모르는 경우가 많다. 필자는 45년 전 초보적 수치분석(Numerical analysis)을 공부하면서 그것이 앞으로 컴퓨터에 의한 제3의 산업혁명의 핵심요소가 될 것이라는 감을 잡을 수 있었다.

그러나 그것이 오늘날 정치사회의 밑받침이 되리라고는 전혀 예상하지 못했다. 사이버공간의 익명성, 실시간 소통, 디지털 다원주의가 인간 욕구의 보편화를 촉진하여 다이내믹 사회를 구축할 것이라고는 상상하지 못했던 것이다. 위압적인 군사권위주의 전통의 기득권집단 대신에 비주류, 비공식, 보통사람이 역사를 만들어 엘리트 순환을 가속시킬 것은 더더욱 예상하지 못했다.

사실 지난날에는 오프라인 정보를 장악하는 기득보수 엘리트층 이외의 대중은 자유로운 정보소통도, 보편적 정보유통을 통한 정치사회적 자각도, 권력에 맞서기 위한 일치된 단결행동도 거의 불가능하였다. 그러나 지금은 자유롭고 거래비용이 거의 없는 사이버공간이 대중의 정치의식, 특히 선거에 대한 관심과 정치참여를 촉진한다. 인터넷은 현대 민주주의의 한계, 대중의 정치 외면, 그리고 돈의 위력을 한꺼번에 무너뜨리고 있다.

J. 슘페터의 균형민주주의론에 따르면, 자유민주주의는 정치적 재화의 공급과 수요 사이의 균형을 잡아주는 정치재 시장메커니즘이다. 유권자는 소비자이고 정치가는 기업가다. 유권자와 정치가는 그들 자신의 이익을 극대화하려고 경쟁한다. 정치권력의 획득은 정치엘리트가 국민의 정치수요를 충족하기 위해 정치재의 질을 얼마나 높이고 효율적으로 공급하느냐에 달려 있다. 정치재가 사이버 정보망에서 자유롭고 폭넓게 교류되어 정치소비자인 국민의 정치인식이 높아지기 때문이다.

그러나 우리의 역사적 경험은, 유권자인 소비자가 질 높은 정치재의 메뉴를 보고 정당 후보를 지도자로 선택해도 그가 일단 권좌에 앉게 되면 대중이 책임을 추궁하는 것이 불가능하다는 사실을 보여 주었다. 결국 지도자에게 시간적 제약만 가해질 뿐 유권자는 투표와 아울러 피지배자 지위에 머물게 된다. 따라서 선택과정에서 합리성을 추구하는 수밖에 없다.

정치권은 보수적이든, 개혁적이든 그들이 제공할 수 있는 정치재로 실현하고자 하는 정치, 경제, 사회의 이상적 틀과 공급메뉴의 현실성, 다양성, 우선순위 그리고 시행의 가능성, 일관성 따위를 명시하여야 한다. 추상적 선동 수준으로는 차별성을 보여줄 수 없고 소비자인 국민의 선택범위를 넓힐 수도 없다. 우리의 경우 불행하게도 이런 조건을 갖춘 정당이 없다.

그러나 정치권의 부정, 부패, 무능이 역설적으로 정치권의 물갈이를 일으켜 새 엘리트의 출현을 기대케 하고 있다. 그럼에도 현재 정당의 구성 등을 볼 때, 정치권이 획기적인 정치재편을 위한 전망을 내놓지 않고서는 국민의 선택이 여전히 제약될 수밖에 없다.

자유분방하고 창의성은 있으나 세련되지 못한 신세대 엘리트의 순환은 실패한 참여정부 1년의 성과로 보아 오히려 불확실성과 큰 위험을 동반할 수 있다. 새 엘리트의 경륜부족과 다이내믹 사회에서 일어나는 수많은 갈등의 조정력 상실이 혼돈과 좌절을 불러올 수 있다.

그 결과 현실에 대한 안정감도 없고 앞날에 대한 기대도 잃어 새로운

혼돈과 퇴보로 이어질 수밖에 없다. 정보화 시대의 자폐증 환자쯤으로
치부되기에는 새 엘리트의 지배가 너무 불안해 보인다.

　우리의 앞날은 정치엘리트가 국민요구와 균형을 어떻게 이루는가에
달려 있다. 우리가 만든 정보화사회 그리고 균형민주주의의 앞날이 어떠
할지 아직은 알기 어렵다. 네티즌 감성에 호소하는 수준만으로는 진보적
균형민주주의를 마련하기 어렵다. 정치권의 현실인식과 국민의 정치의식
자각 그리고 지혜로운 선택을 기대한다.

(『한국일보』 '아침을 열며' 2004. 1. 11)

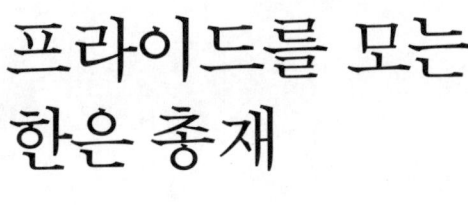

3

프라이드를 모는
한은 총재

1. 한국경제, 불투명하지만 나빠지지 않는다*

대담 : 황호택 『동아일보』 논설위원

전철환(全哲煥 · 63) 한국은행 총재는 김대중 정부 출범 초기인 1998년 3월 취임, 외환이 바닥난 '곳간'을 넘겨받아 어려운 고비를 넘기고 꽤 무난하게 자리를 잡았다는 평가를 받는다.

현 정부 들어 여러 대학교수들이 청와대와 경제부처, 연구소 등에 들어왔지만 제대로 뿌리를 내리지 못하고 관료 출신들에게 밀려났다. 충남대 교수 출신인 전 총재는 행정고시에 합격해 공무원 생활을 10년 넘게 하다가 교수로 진로를 바꾼 이채로운 경력을 갖고 있다. 경제기획원, 교통부, 중화학공업기획단 등에서 오래 경제정책을 다뤄봤기 때문에 다른 교수 출신들과는 달리 '현실 적응'에 무리가 없었는지도 모른다.

전 총재의 연설이나 좌담을 몇 차례 들어볼 기회가 있었는데, 복잡한 경제현상을 아주 쉽게 설명하는 남다른 기술을 지니고 있다는 느낌을 받았다. 젊은 관료 시절의 현장 체험과 오랜 대학교수 생활을 통해 다듬어 온 이론이 어우러져 정밀한 현상 분석이 나오는 것 같다.

전 총재는 인터뷰에서도 명쾌하게 설명을 이어갔다. 하지만 평소 강연에서는 메모를 보지 않고 달변을 들려주던 그가 인터뷰에서는 금리, 환율, 물가 등 주요

| * 이 글은 한은 총재 당시 『신동아』(2001년 7월호)에 실린 인터뷰 기사이다.

경제문제에 대한 질문을 받을 경우 꼼꼼하게 준비해 온 자료를 뒤져가며 답변했다. 중앙은행 총재의 입에서 '아차' 하는 사이에 말 한마디만 삐끗 잘못 나와도 금융시장에 엄청난 파장을 몰고 올 수 있기 때문일 것이다. 전 총재를 보좌하는 이들은 그의 이러한 신중한 자세가 작은 실수 하나도 허용하지 않게 한다고 귀띔했다.

외환보유액 더 늘려야

1997년 한국경제를 쓰러뜨린 외환위기의 직접적인 원인은 한국은행이 보유한 외환의 급격한 감소였습니다. 우리 경제규모에서 외환을 얼마나 비축해 놓아야 적당하다고 봅니까?

외환보유액이 5월 말 기준으로 9백36억 3천만 달러입니다. 지난해 말보다 조금 줄어들었는데, 국제통화기금(IMF)에서 빌려온 자금을 거의 다 상환했기 때문입니다. 현재 17억 달러 가량 남아 있지만 이것도 8월까지 모두 상환할 계획입니다. 우리의 외환보유액 규모는 일본, 중국, 홍콩, 대만에 이어 세계에서 다섯 번째로 많습니다.

위기에 대응하기 위한 적정 외환보유 수준은 그 나라의 경제여건이나 특성에 따라 다릅니다. 금융시스템이 건전한 나라는 그렇지 못한 나라보다 외환을 덜 갖고 있어도 됩니다. 경제의 질적 측면까지 고려해 적정 외환보유액을 산정하는 작업은 그리 단순한 수학이 아닙니다.

대체로 경상 외환지급액 기준으로 3개월분 이상의 수입을 충당할 수 있는 규모이거나 단기 외채 기준으로 1년 이내에 만기가 도래하는 차입금의 상환을 충족할 수 있는 수준 이상이 바람직하다고 봅니다. 우리가 보유한 9백36억 달러는 월 평균 경상지급액의 5.8배이고 1년 내 만기가 도래하는 단기 외채의 1.6배 수준이므로 단기적으로는 대외지급 능력에 전혀 문제가 없다고 할 수 있습니다.

하지만 한국은 아직 기업 및 금융시스템이 선진국처럼 건실한 상태가 아닙니다. 구조조정이 진행중이고 대외 신인도도 아직 만족할 만한 단계로 높아지지 않았습니다. 게다가 남북한 관계 같은 특수요인까지 고려하면 외환보유액은 여건이 허락하는 한도에서 좀더 늘려가는 것이 바람직합니다.

미국 연방준비제도이사회(FRB)는 연방기금 금리를 올 들어 2.5퍼센트 포인트 인하했는데 한국은행은 2월에 0.25퍼센트 포인트 인하했을 뿐입니다. 재정경제부는 경기부양을 위해 내심 금리의 추가 인하를 희망하고 있다고 들었습니다. 금융통화위원회를 앞두고 구체적으로 언급하기는 어렵겠지만 원론적인 말씀이라도 해 주시죠.

한국을 포함해 지금까지 18개국 중앙은행이 금리를 인하했습니다. 미국과 경제여건이 다르다며 금리 인하에 부정적이었던 유럽 중앙은행도 5월 10일 목표금리를 우리처럼 0.25퍼센트 포인트 내린 바 있습니다. 하지만 나라마다 처한 경제상황이 다릅니다. 각국의 중앙은행이 FRB의 통화정책을 무조건 따르지는 않습니다. 자국의 대내외 경제상황을 면밀하게 분석하고 판단해 금리인하의 시기와 폭을 결정합니다.

금융통화위원회에서 경기상황과 물가동향, 금융시장 등의 움직임을 상세하게 관찰, 분석해 어느 쪽에도 치우치지 않는 방향으로 결정하겠습니다. 해외 경제여건도 종합적으로 참고해 결정할 겁니다. 그러니 지금 방향을 예단해 말씀드리긴 어렵습니다. 금리는 정부나 국민이 원한다고 해서 올리거나 내리는 게 아니라 경제 상황에 비추어 인하할 필요가 있으면 인하하고 필요가 없으면 안 하는 것입니다.

인터뷰를 가진 지 며칠 뒤에 열린 금융통화위원회에서 한국은행은 콜금리를 인하하지 않고 동결했다. 그래서 인터뷰 내용을 다시 뜯어 읽어봤지만 콜금리 동결을 시사한 대목은 찾아내기 어려웠다. 중앙은행 총재가 되려면 듣는 사람이 감을 잡을 수 없도록 애매하게 말하는 기술을 익혀야 하는가 보다. 앨런 그린스펀 FRB 의장도 금융정책에 관하여 의회에서 증언할 때 완곡하고 모호한 용어를 사용해 시장에 주는 충격을 줄인다.

공부 미련 못 버린 공무원

여담 같은 질문을 하나 해보지요. 미국 같은 나라도 외환을 보유할 필요가 있습니까? 미국은 국제적으로 통용되는 결제통화를 갖고 있으니 아쉬울 게 없을 듯한데요.

미국, 영국, 독일, 프랑스, 일본 등은 그런 면에서 유리하지요. 그가운데서도 미국은 기축통화 국가거든요. 물론 미국도 유로화나 엔화 등의 외환을 보유하고 있습니다만, 한국처럼 외환을 많이 가질 이유는 없죠. 더욱이 경제시스템도 아주 튼튼하니까요.

FRB의 금리정책을 분석하고 내다보자면 그린스펀 의장의 학문적 배경이나 경제철학을 알아보는 것이 도움이 된다. 그런 차원에서 전 총재의 개인 이력을 알아보는 것도 의미 있는 작업이다.

전 총재는 서울대 경제학과 4학년 때인 1960년 고시 행정과(12회)에 합격했다. 사법과를 포함한 고시 12회 동기 가운데는 이종남 감사원장, 김기춘 한나라당 의원, 하경철 헌법재판관, 강경식 전 부총리 겸 경제기획원 장관, 이규성 전 재경부 장관, 장덕진 전 농수산부 장관, 염보현 전 서울시장 등이 있다. 분배문제를 집중 연구한 변형윤 서울대 명예교수는 전 총재에게 커다란 영향을 끼친 스승이고 한국경제발전학회를 물려주는 등 학문적 교분이 깊다. 전 총재는 공무원 생활을 하면서 1966년과 1968년 사이에 영국 맨체스터 대학에서 석사과정을 밟았다.

고시에 합격해 13년간 공무원 생활을 하다 그만둘 때는 상당히 어려운 결단을 내리셨을 것 같습니다.

공무원을 하면서도 학문에 대한 애정과 향수가 컸습니다. 그 시절에는 학사학위만 있어도 대학에서 강의를 할 수 있었기에 공무원을 하면서도 시간강사로 강단에 섰죠. 1976년 은사이던 박희범 선생님이 충남대 총장으로 가서서 경제학과를 신설했습니다. 유자격자가 드물던 때라 그분이 내려오라고 해서 과감하게 대전으로 내려갔죠.

관계에서 출세할 비전이 안 보였습니까? 솔직히 말해 출세하려고 고시 공부하는 것

아닙니까.

부인하지는 않겠습니다. (웃음) 징계처분을 받거나 남보다 승진이 늦거나 하지는 않았어요. 이 말씀을 드리기는 조심스러운데, 제가 공무원 생활을 그만뒀을 때가 유신 시대였습니다. 그때 '공무원 노릇을 오래 해서는 안 되겠구나' 하고 생각했습니다. 그런 정도로만 이해해 주세요.

전 총재의 경력을 보면 재야 성향이 엿보인다. 1980년에는 교수 시국선언에 참여했고 '경제정의실천연합'에서도 활동했다. 그렇지만 그 자신은 '재야 경력'이라는 표현을 좋아하지 않는다. 그는 "'재야 활동' 대신 '비정부기구(NGO) 활동'이라고 써 주세요"라고 부탁했다.

그가 치른 여러 차례의 고초가 '정부기구'에서 활동했기 때문이 아닌 것은 분명하지만, 그렇다고 비정부기구 활동의 범주에 넣을 수 있을지 모르겠다. 그가 1980년에 겪었던 일도 가까운 몇 사람말고는 잘 모른다. 그 스스로 이런 이야기를 싫어하고 한은 총재가 된 뒤에는 비슷한 이야기가 나오는 것조차 꺼린다. 그만큼 기억하기 싫은 악몽이었을까.

하반기 물가 안정될 것

한국은행은 1998년 시행된 한국은행법에 따라 물가안정을 단일 목표로 통화신용정책만을 책임지는 정책기관으로 새롭게 태어났다. 물가안정은 중앙은행의 가장 기본적인 책임이자 목표가 아닐 수 없다.

최근에는 약간 주춤해졌습니다만, 올 들어 4월까지 소비자 물가 오름세가 계속됐습니다. 전망과 대책을 말씀해 주시죠.

올해 소비자 물가는 전년 대비 기준으로 1/4분기에 4.2퍼센트, 4월에는 5.3퍼센트, 5월에는 5.4퍼센트 올랐습니다. 작년 하반기의 고유가, 공공요금 인상의 영향이 지속되고 있습니다. 올 들어서도 건강보험 수가 등 일부 공공요금이 추가 인상됐고, 원화환율이 크게 올라 수입물가가 많이 올랐습니다. 앞으로는 경기둔화에 따른 시차효과, 최근 원화환율의 하향 안정 등으로 물가 오름세가 차츰 완만해질 것으로 봅니다.

그러나 상반기 동안 높은 오름세 때문에 연 상승률은 4퍼센트를 웃돌 것으로 보고 있습니다. 정부에서도 공공요금과 개인 서비스 가격 안정을 도모하는 미시적 측면의 물가안정 노력을 병행해야 한다고 봅니다.

인플레이션은 왜 나쁩니까? 교수 시절로 돌아간 기분으로 한번 강의를 해 주시죠.

가격은 재화와 용역의 합리적 배분을 유도하는 지표기능을 합니다. 어떤 상품의 생산이 수요보다 많으면 생산은 줄이고 소비는 늘려야 합니다. 그런 신호를 보내는 게 바로 가격입니다. 공급이 수요보다 많으면 가격이 떨어질 겁니다. 그러면 생산자는 예상 수익성이 떨어질 테니 생산량을 줄일 것이고, 소비자는 소비자 잉여가 높아지니까 더 사게 되어 균형이 맞게 됩니다.

사람 몸이 제대로 기능하려면 호흡, 체온, 맥박, 혈압이 건강상태의 수준을 유지해야 합니다. 정상인의 체온은 36.5℃인데, 운동을 하거나 몸이 아프면 체온이 그보다 오르거나 떨어집니다. 그래서 건강에 이상이 있음을 알게 되죠. 체온이 40℃를 넘어서면 못 견디게 될 겁니다. 이처럼 체온이 오르는 것은 건강이 나쁘다는 신호입니다. 체온처럼 가격도 올라갔다 내려갔다 해야 합니다. 그런데 체온이 40℃를 넘으면 생명이 위험해지듯, 물가가 너무 올라가면 자원의 합리적 배분을 유도하는 기능을 못하게 됩니다.

인플레이션은 부의 왜곡된 분배를 불러옵니다. 금융부채가 적은 사람이나 기업은 금융부채가 많은 사람이나 기업보다 손해를 많이 보게 됩니다. 10퍼센트 이자를 주기로 하고 돈을 빌려서 부동산을 샀다고 가정합시다. 인플레이션이 됐다는 건 부동산 가격이 올랐다는 얘긴데, 빚을 내 부동산을 산 사람은 부동산 가격이 10퍼센트 이상 오르면 이득을 보는 반면 빚을 준 사람은 손해를 보게 됩니다. 그러니까 성실하게 경제활동을 한 사람보다 불성실하게 경제활동을 한 사람이 이익을 보게 되죠. 이런 것은 막아야죠.

모든 가계와 개인은 금융시장에서 자금 공급자입니다. 돈을 빌려주는 쪽이에요, 양은 적지만. 개인은 돈을 많이 빌릴 수도 없어요. 그래서 개인은 금융자산 측면에서 보면 채권자입니다. 부채가 많은 쪽은 돈이 많은 사람과 기업이에요. 따라서 인플레이션이 발생하면 대중의 소득이 자산을 많이 가진 기업이나 개인으로 이동하게 됩니다.

그렇기 때문에 정부나 중앙은행은 민생을 보전하고, 자원을 합리적으로 배분해 경제성장을 부추기고, 부의 분배를 왜곡하는 비효율적인 상황을 막기 위해 물가를 안정시키려 합니다. 그러나 우리가 공기의 소중함을 모르고 생활하듯, 물가안정이 개인들에게 얼마나 이익이 되는지를 깨닫지 못하기 쉽습니다. 인플레이션 위험을 느낄 때는 이미 늦습니다. 인플레이션을 사전에 막지 못하면 피해가 걷잡을 수 없이 커집니다.

10만원권 화폐는 시기상조

한 번 쓰고 마는 10만 원권 자기앞수표의 발행비용이 많이 듭니다. 이에 견주어 미국에서는 1백 달러(10만 원), 일본에선 1만 엔(10만 원), 영국에선 50파운드(9만 원), 독일에선 1백 마르크(5만6천 원)짜리 고액권 화폐가 유통되고 있습니다. 우리도 경제규모를 감안하면 10만 원권 화폐를 발행해야 한다는 의견이 있습니다.

1998년 한은 총재에 임명돼 그해 가을 첫 국정감사를 받을 때부터 의원들에게서 10만 원권 발행에 대한 질문을 받고 여러 차례 검토했습니다. 현재의 최고액권인 1만 원권이 도입된 게 1973년인데, 지금은 그때보다 경제규모가 커졌고 소비자 물가도 많이 올라 1만 원권의 상대적 가치가 많이 낮아졌습니다. 그러니 화폐체계에 경제여건의 변화를 반영할 필요가 있다는 주장이 나옵니다. 1만 원권의 가치가 떨어지면서 현금을 거래하고 화폐를 휴대하는 불편이 커져 10만 원권 정액 자기앞수표의 수요가 폭증한 게 사실입니다.

그렇지만 고액권 화폐를 발행할 경우 과소비 내지 인플레이션 기대심리를 부추길 가능성이 있습니다. 과소비가 일어나면 소비 증대에는 다소 도움이 될지 모르지만 빈부격차 갈등을 일으킬 우려도 있어요. 더구나 요즘은 결제수단으로 신용카드가 널리 이용되고 있습니다. 또한 각종 전자결제 수단이 많이 늘어나 상거래에서 현금결제 비중이 빠른 속도로 줄어들고 있습니다.

고액권은 자칫 불건전 음성 거래수단으로 악용되어 신용사회를 구현하는 데 장애가 될 소지가 있습니다. 고액권 화폐 발행 여부는 신용사회 정착과 거래의 투명성을 보장하는 사회제도적인 보완장치가 자리 잡은 뒤에 다시 검토해도 늦지 않다고 봅니다.

일본의 엔화 약세 기조는 어떤 흐름을 탈 것으로 내다보십니까? 교과서대로라면 환율이 오르면 수출이 늘어야 하는데 그렇지 않은 것 같습니다.

지난해 11월 초 달러 당 1백6엔 수준에 머물던 엔화 환율이 일본의 경기침체 지속, 대규모 재정적자 누적, 금융시스템 불안정성 등의 복합적인 요인 때문에 빠른 오름세를 보이다가 지난 4월 초엔 달러 당 1백27엔까지 올랐습니다.

당시 국제 금융시장에서는 엔화가 추가적인 약세를 보여 달러 당 1백30엔 수준을 넘어서리라는 전망이 우세했습니다만, 엔-달러 환율은 4월 초를 기점으로 하향 안정세로 돌아서서 최근에는 1백20엔 전후로 움직이고 있습니다. 최근엔 유럽의 경제전망이 매우 좋지 않습니다. 특히 프랑스와 독일의 경제성장률이 예상보다 둔화됐고 물가는 상대적으로 강세이기 때문에 일본의 유럽지역 투자자금이 일본으로 다시 돌아오고 있죠.

일본 경제상황이 빠른 시일 안에 개선되기를 기대하기는 어렵기 때문에 엔화 약세요인은 아직도 남아 있다고 봐야 할 겁니다. 그렇지만 급속한 엔화 약세에 대한 아시아지역 국가들의 부정적 반응과 최근 일본으로 유입되는 국제 투자자금 규모 등을 고려할 때, 종전과 같이 엔화 가치가 급속히 떨어질 가능성은 낮다고 봅니다. 따라서 특별한 돌발요인이 없다면 원화환율은 안정세를 유지할 것으로 보입니다.

우리나라와 일본의 수출 주력 상품은 경쟁관계에 있습니다. 그래서 엔화가 절하되면 원화도 절하되는 경향을 보입니다. 이 때문에 원화환율이 절하돼도 수출이 크게 늘지 못하는 것이죠. 더욱이 우리 수출상품의 대부분은 미국, 유럽 등 선진국과 동남아, 중남미 시장 경기에 따라 탄력성이 매우 큽니다. 그런데 이들 지역 경제가 하나같이 침체 상태라 환율이 절하됐는데도 수출이 늘지 않고 있어요.

전철환 총재는 김대중 대통령이 『대중경제론』 초판을 집필할 때 도움을 준 것으로 알려져 있다. 이 책은 김 대통령의 대표적인 경제 서적으로 꼽힌다. 어느 정도나 도움을 주었느냐는 질문에 전 총재는 "그 얘기는 쓰지 말아 달라"며 답변하지 않았다.

미흡한 새 한국은행법

김 대통령의 초기 경제정책은 IMF 관리체제 극복에 집중됐고 일단 성공적이라는 평가를 받았습니다. 그러나 지난해부터 경제가 나빠지면서 비판적인 얘기가 많이 나옵니다. 김 대통령의 경제정책이 장기 전략과 비전을 제시하지 못했다는 평가도 있어요. 소위 'DJ노믹스'의 실체는 무엇입니까?

국민의 정부는 단기적으로 외환위기의 직접적인 원인이 된 보유외환을 확충하고 장기적인 경쟁력을 키우기 위한 구조조정을 시행했습니다. DJ노믹스는 곧 민주주의와 시장경제의 창달입니다. 이를 위해서는 기업 구조조정도 원칙적으로 시장 메커니즘에 따라 이뤄져야 옳았지만, 국가적 경제위기를 맞아 신속한 구조조정을 하려다 보니 정부가 어느 정도 주도하지 않을 수 없었습니다. 지금에 와서는 시장친화적인 상시 구조조정 체제로 바뀌어 가고 있습니다.

그렇다고 국민의 정부가 장기 비전 없이 단기적인 정책만 썼다고 할 수는 없습니다. 민주주의와 시장경제의 창달처럼 장기적인 비전이 어디 있습니까. 다만 경제를 그것에 맞게 제대로 운용했느냐 하고 비판을 한다면 몰라도……. 경제 제도와 운용체제, 질서를 글로벌 스탠더드에 맞추는 과정에 국민과 기업들이 고통을 겪고 있는 건 사실입니다.

왜 한국은행의 독립이 필요하며, 한국은행법에는 어떤 문제가 있다고 보십니까?

아시다시피 중앙은행은 '시니어리지(seigniorage : 화폐발행이익)'를 갖는 발권은행입니다. 1만 원권 한 장 찍는 원가가 80원입니다. 80원을 들여 1만 원권을 찍어 구매력을 행사하니 9천9백20원이 한국은행의 이득입니다. 그러나 돈을 많이 발행하면 물가가 오르게 되죠.

경제성장에 관심이 많은 정치권, 이익을 많이 내려는 기업의 처지에서는 돈을 많이 찍어내는 게 좋을 겁니다. 일시적으로 경제성장률이 높아지는데다, 물가가 오르면 화폐 부채가 많은 기업이 이익을 보니까요. 만일 중앙은행이 독립적인 지위를 갖고 있지 못하면 돈을 많이 찍기를 바라는 정치권과 기업의 요구에 응할 수밖에 없어요. 이걸 차단해야 합니다. 과거 한국은행이 정부로부터 자유롭지 못했다는 여론이 많았습니다. 따라서 한국은행이 화폐가치와 물가안정을 확보하려면 법적으로 독립해야 합니다.

1997년 말에 마련된 새 한국은행법은 물가안정 목표제도를 도입하고 한은 총재가 금통위의장을 맡는 등 중앙은행의 독립성을 제고했다는 점에서 많이 개선된 게 사실입니다. 그러나 한국은행이 통화신용정책을 중립적·효율적으로 수행하고 최종 대부자로서 금융시장의 안정이라는 중앙은행의 기본 임무를 충실하게 수행하기 위해서는 아직도 미흡한 점이 있습니다.

예컨대 새 한국은행법에도 금통위 의결사항에 대한 재정경제부의 재의 요구권이 그대로 남아 있습니다. 재경부 차관은 금통위에 출석해서 발언할 수 있는 권한을 갖고 있습니다. 한국은행 예산을 재경부가 승인하도록 돼 있습니다. 재경부는 이런 권한을 통해 한국은행의 정책과 조직 운영에 관여할 수 있습니다. 반면에 한국은행이 통화신용 정책과 금융시장 안정 기능을 수행하는 데 필요한 독자적인 금융감독 검사, 지급결제시스템 감시기능은 없습니다.

칼을 줘야 무를 자르지……

요즘 '한은이 있는지 없는지 잘 모르겠다'는 말이 가끔 나옵니다. 한은이 법률상 주어진 권한조차 제대로 행사하지 못하는 것 아니냐 하는 지적이죠. FRB와 견주어서 말씀해 주시겠습니까?

저도 그런 이야기를 많이 들었습니다. 앞서 말씀드린 대로 한은은 한국은행법에 물가안정이라는 단일 목표로 통화신용정책만 책임지는 정책기관으로 돼 있습니다. 뿐만 아니라 은행 감독기능이 분리되면서 한은은 정책수행 과정이나 결과가 쉽게 눈에 띄는 인허가 및 감독관련 권한을 행사할 수 없게 됐습니다. 더욱이 외환위기가 있은 뒤 금융과 기업의 구조조정이 국가 명운을 좌우하는 긴박한 과제로 떠올랐고 소관부처인 금감위와 재경부가 이러한 구조조정을 주도함에 따라 한은이 하는 일들이 상대적으로 덜 부각됐습니다.

한은이 제 기능을 다 했느냐는 평가는 그동안의 거시경제 운영 성적표와 연결지어 이뤄져야 합니다. 1999년 이후 한국은 외환위기를 겪은 다른 국가들과 견주어 볼 때 거시경제 면에서 물가안정과 견실한 성장, 경상수지 흑자, 외환보유고 확충 등 꽤 좋은 성과를 거뒀다고 생각합니다. 국민경제가 이처럼 안정적인 성장을 이룩하는 데 한은이 크게 이바지했다고 자부합니다. 한은은 기업·금융 구조조정 추진과정에 금융시장 불안이 초래되지 않도록 유동성을 신축적으로 공급했습니다. 신용경색으로 어려움을 겪는 기업들에게 실질적인 도움을 줄 수 있도록 총액한도 대출을 1997년 말 4조 6천억 원에서 지금은 9조 6천억 원으로 확대했습니다.

한은과는 대조적으로 FRB는 강력한 감독권과 검사권을 갖고 있습니다. 게다가 오랫동안 중앙은행의 중립성과 경제의 안정성장을 뒷받침하는 통화신용정책을 잘 수립한 전통 때문에 국민의 신뢰가 두터워요. 독립된 중앙은행의 위상에 걸맞게 통화신용정책을 독자적으로 수행하는 관행을 확립하는 데도 많은 노력을 기울였습니다. 정부가 발행한 국고채를 직접 인수하라고 요구받자, 실세금리로 시장에서 발행하도록 유도했습니다. 영리법인에 대한 직접 출연을 거부하기도 했습니다.

저는 현행 한국은행법이 독립적인 통화정책을 수행하기에 미흡하다는 점을 국회 업무보고, 국정감사, 관계 장관회의 등을 통해 누누이 제기했습니다. 국회 업무보고 때는 '칼이 있어야 무를 자를 것 아니냐'고까지 했습니다. 아무런 권한도 안 주면서 뭘 하라는 겁니까.

그동안 정부가 앞장서 온 기업 구조조정이 지난 2월부터 시장에 의한 상시 구조조정 체제로 전환하는 등 시장시스템이 어느 정도 복원됨에 따라 이제는 채권시장과 외환시장 등 금융시장이 과거와는 달리 중앙은행의 정책의지에 민감하게 반응하게 됐습니다. 이건 아주 큰 성과거든요.

최근에는 한국은행의 견해나 정책 방향에 따라 금리나 환율이 즉시 변동하는 것에서 알 수 있듯이 한은의 시장 영향력이 높아지고 있습니다. 자원 배분에서 시장의 기능이 더욱 커지고 정부 정책도 규제보다는 민간의 자율과 시장기능을 중시하는 방향으로 변화하는 등 시장시스템이 더욱 확충돼 나갈 것으로 예상되므로 통화신용정책의 영향력도 커지고 중앙은행의 위상도 높아질 것으로 내다봅니다.

진보와 보수의 조화

전 총재의 저서들을 보면 사회 · 경제적 약자들에게 꾸준히 관심을 보이시더군요. 가령 『사회정의와 경제의 논리』 머리말에서는 "무릇 사회정의에 대한 감각은 사회 · 경제적 약자에 대한 애정에서 비롯된다"고 쓰셨습니다. 경제학자로서 지닌 진보적인 색채와 보수적일 수밖에 없는 중앙은행 총재라는 자리가 어떻게 조화를 이뤄냅니까?

진보적인 사고방식을 가졌다고 해서 중앙은행의 보수적인 성격과 조화하지 못할 것은 없습니다. 공정한 분배를 위해서는 물가안정이 긴요한데 이게 바로 중앙은행의 기본 목표입니다. 중앙은행이 책임지는 물가안정의 목표는 공정하게 분배하고 계층간 격차를 줄이는 데 간접적으로 이바지하고 있다고 생각합니다. 물가안정은 사회정의를 실현하는 매우 중요한 인프라입니다. 다만 통화신용정책을 운용하는 면에서는 진보적이어서는 안 됩니다. 통화증발의 유혹을 억제하기 위해서는 보수적이어야 합니다.

재테크는 어떻게 하십니까?

정기예금과 채권으로 운용하고 있습니다. 제가 발령받던 날 자식들을 불러서 명령을 했죠. "너희 아버지가 중앙은행 총재를 잘 마칠 수 있게 하려면 주식거래는 지금 보유하고 있는 상태에서 움직이지 말아 달라"고……

한은 총재는 주식투자를 못하게 되어 있습니까?

법률로 제한된 건 없습니다. 그렇지만 한은의 금리정책 등은 주식시장에 상당한 영향을 끼칩니다. 금리가 떨어지면 채권보다는 현금이나 다른 금융자산을 선택하게 될 겁니다. 반대로 금리가 오르면 채권을 보유하는 대신 다른 금융자산을 줄일 겁니다.

또한 금리가 인하되면 금융자산 가운데 주식을 늘릴 가능성이 있습니다. 통화신용정책을 관장하는 중앙은행의 총재는 주식시장에 결정적인 영향을 끼칠 수 있는 금리의 향방을 미리 알 수 있는 '내부자'입니다. 따라서 중앙은행 총재나 그 가족은 주식거래를 해선 안 되죠. 오해받을 소지가 다분하니까요. 채권이야 확정금리니까 사든 팔든 상관이 없겠지만.

국제화 시대의 세계경제는 그물망처럼 연결돼 서로 긴밀한 영향을 주고받는다. 우리만 잘한다고 경제가 좋아지는 게 아니라는 뜻이다. 미국, 일본 등의 해외 여건이 한국경제의 중요한 변수이고 이것은 우리 의지로 어떻게 해볼 수 없는 부분이다.

세계 경제에 가장 큰 영향을 끼치는 미국과 일본의 경기는 어떻게 내다보십니까?

과거에는 예측하기 가장 어려운 것이 일기예보라고 했어요. 일기예보가 어려운 것은 날씨에 영향을 주는 요소가 워낙 다양하기 때문이지요. 요즘에는 기상관측 기법과 기기, 정보전달 수단이 발전해 일기예보가 꽤 잘 맞지만 아직도 특정한 지역에 특수한 여건이 조성됐을 때는 맞추기 어렵습니다. 그래도 일기예보는 기초 데이터를 분석해 현재의 상황은 제대로 알 수 있습니다.

하지만 경제를 비롯한 사회현상은 지금 당장의 상황도 잘 모릅니다. 안다는 게 겨우 3개월 전, 2개월 전의 상황입니다. 통계를 수집하고 합계하고 분석하는 기간이 필요하기 때문이죠. 그래서 자연현상보다 사회현상을 예측하고 분석하는 게 더 어렵습니다. 이런 제약이 있음에도 조사·분석능력과 예측력을 되도록 끌어올리는 것이 우리 은행의 과제입니다.

미국 경제는 지난 1/4분기에 1.3퍼센트 성장한 것으로 나타나 경기침체 우려가 줄기도 했습니다. 그러나 최근 발표된 경제지표를 보면 소비가 예상 밖의 호조를 보였는데도 산업생산이 줄어들고 실업률이 올라 2/4분기 중에도 여전히 경기가 부진할 것으로 보는 사람이 많습니다.

이와 달리 재고 조정이 빠르게 진행되고 있고, 그동안의 금리인하 및 감세 효과 등에 힘입어 하반기 이후 경제가 차츰 회복세를 나타내리라는 시각도 있습니다. 지난해 4/4분기 중 5백57억 달러로 증가했던 재고가 1/4분기에는 1백89억 달러로 줄어들었습니다.

일본 경제는 세계 경제의 후퇴에 따른 수출감소와 기업투자 및 민간소비 위축 등으로 부진을 면치 못하고 있습니다. 수출과 산업생산의 감소세가 지속되면서 기업수익의 신장세가 둔화되고 고실업의 영향 등으로 소비도 위축되고 있어요. 일본 경제는 국내외 수요부진, 물가하락 등을 감안할 때 당분간 본격적인 회복세를 보이기는 어려울 것으로 예상됩니다. 얼마 전 IMF는 올해와 내년의 일본경제 성장률을 각각 0.6퍼센트와 1.5퍼센트로 내다보면서 경제가 회복되려면 정책당국이 금융기관의 부실채권 정리를 촉진하고 국채 매입규모를 확대하는 등 유동성 공급을 늘려야 할 것이라고 충고했습니다.

결론적으로 미국 경제는 낙관론과 비관론이 뒤섞여 있으나 완만하게나마 올 하반기에는 회복세를 보일 것 같습니다. 그러나 일본 경제는 아직도 방향을 짐작하기가 대단히 힘든 상황입니다.

경기, 더 나빠지진 않는다

정부, 기업, 연구소의 경기예측이 다 다릅니다. 언제쯤 경제가 살아날 것 같습니까?

한국 경제는 지난 1/4분기 가운데 국내총생산(GDP)이 전년 동기 대비 3.7퍼센트 성장했습니다. 지난해 4/4분기의 4.6퍼센트에 견주어 소폭 낮아져서 경기둔화가 지속된 것으로 나타났습니다. 그러나 지난 분기와 견주어 본 GDP 성장률이 지난해 4/4분기 중 -0.4퍼센트에서 올해 1/4분기에는 +0.3퍼센트로 반전되는 등 경기 둔화 속도가 다소 완만해지고 있습니다.

하지만 소비는 다소 호전되고 있으나 수출이 큰 폭의 감소세를 이어가고 있습니다. 설비투자와 건설투자도 여전히 부진합니다. 이런 점에 비춰볼 때 아직은 경기가 회복국면에 진입했는지를 판단하기가 대단히 어려운 상황입니다. 다만 지난해 4/4분기에 나빠지기 시작한 경기가 더 나빠지지는 않을 것이라고 기대합니다.

댁에 장서가 얼마나 됩니까?

아마 1만 권쯤 될 겁니다.

경제학, 국문학 서적말고는 어떤 책들이 있습니까? (전 총재의 부인 이경자 씨는 충남대 국문과 교수다)

철학, 수학, 역사책이 많습니다. 수학은 형식논리학의 핵심입니다. 경제와 관련이 있을 뿐 아니라 자연과학과도 관련이 있지요. 또한 인문사회과학에서 정점에 있는 게 역사와 철학 아닙니까⋯⋯.

젊은 사람들한테 꼭 읽어야 할 책을 한 권만 추천한다면 어떤 책을 고르시겠습니까?

신채호 선생의 『조선사초록』을 들고 싶습니다. 읽기도 쉽고 식민사관을 극복할 수 있는 바른 역사관을 배울 수 있습니다. 아주 평범하면서도 좋은 책이에요.

바쁘실 텐데 신간서적을 구해 읽고 경제신문에 독서 에세이를 연재하시더군요.

잘 읽었다는 반응도 있지만, '바쁜 사람이 정말로 책을 읽긴 읽는 거냐', '책 읽을 시간에 정책연구를 더 해야 하는 것 아니냐'는 비판도 있어요. 그렇지만 이건 말씀드려야 할 것 같습니다. 정보에는 현상 정보도 있지만, 역사적으로 일어났던 사실을 중심으로 체계화하고 이론화하는 것도 정보입니다. 책이 바로 그것이죠. 책을 읽는 것은 정보를, 그것도 굉장히 큰 정보를 얻는 활동입니다. 중앙은행 총재가 아무리 바빠도 책과 현상 정보를 아울러 얻으려고 노력하는 것은 격려할 만한 일 아니겠습니까. 내가 본디 선생 하던 사람이니 지적 호기심도 있죠. 계속 책을 구해 읽고 독후감을 남김으로써 나 자신도 충전을 하고 다른 사람들에게도 가르침을 주고 싶습니다.

프라이드 모는 한은 총재
학생시절에 바둑을 좋아했다는 이야기를 들었습니다.

무척이나 좋아했죠. 그런데 많은 시간이 소모되더군요. 이겨도 또 두고 져도 또 두게 되니까요. 대학 다닐 때 친구하고 바둑 두다 시험을 놓쳐버렸습니다. 그래서 그 바둑판을 도끼로 깨부수고 다시는 안 두겠다고 결심했는데, 나중에 몇 번 더 뒀지요. 꼼수바둑 8급쯤 될 겁니다.

8급 실력인데 그렇게 빠졌습니까?

그때가 제일 잘 빠질 때입니다.

댁에서는 어떤 차를 탑니까.

프라이드 베타를 탑니다. 교수 시절에는 프라이드DM을 탔는데 10년이 넘어 재작년에 폐차하고 작년에 프라이드 베타를 샀습니다. 참 좋은 차예요.

(『신동아』 2001년 7월호 인터뷰)

2. 아름다운 퇴장*

(자료화면 가운데 연설장면)

도와준 여러분께 마음으로부터 깊은 감사를 드립니다

(자료화면 가운데)

아름다운 퇴장······
정상에서 떠나는 그의 뒷모습에서
우리는 잔잔한 감동을 보았다
구겨진 국가 위신이 되살아나는 순간
무엇보다 펜을 쥔 내 손에서 힘이 느껴졌다
이 순간을 나는 평생 잊을 수 없을 것 같다
－IMF 조기상환 최종 서명식－

이제 또 새로운 것을 얻기 위해
그는 다시 옛날로 돌아가려 한다

---

* 이 글은 2002년 9월 28일 『매일경제(MBN)』의 '차 한 잔을 마시며(제33회)' 코너에서 방영된 내용을 녹취한 것이다.

"나는 참 행복한 사람입니다."

인터뷰

김석규(MBN 해설위원, 이하 김) : 안녕하십니까.

전철환(공적자금 관리위원회 위원, 이하 전) : 네 안녕하세요. 오래간만입니다.

김 : 총재님 얼굴이 더 좋아지신 것 같아요.

전 : 아니, 김 부장님이 더 좋으시죠. 감사합니다.

김 : 한국은행 총재를 그만 두신지가 한 6개월 가까이 되셨죠?

전 : 그렇죠. 4월 1일부터 … 지난 3월 30일에 임기가 종료된 것이니까요. 한 6개월 가까이 되네요.

김 : 제가 전 총재님을 뵈면 굉장히 부럽다는 생각이 들어요. 정말 사람들이 다 해보고 싶었던 그런 일을 하셨고, 특히 한국은행 총재를 그만 두셨을 때 제가 기억이 납니다만, 신문에서도 이런 얘기를 했습니다. '아름다운 퇴장' 이런 얘기 듣기 쉽지 않은데, 이런 얘기를 듣고 퇴장하셨어요.

전 : 모두 걱정해 주신 덕택이지 제가 뭐 잘해서 그렇겠습니까. 특히 우리 한국은행 스태프들 … 또 외환위기 때 어려운 상황에서 총재로 취임한 뒤에 … 전세계적으로 불황요소가 있긴 했지만, 우리 경기는 꽤 순항하는 과정이었거든요. 그래서 아마 그렇게 평가를 해주시는 게 아닌가 생각합니다. 결코 제가 잘 했다는 게 아니라…….

김 : 기록을 여러 가지 갖고 계신데요. 일단, 독립된 중앙은행의 첫 번째 총재를 지내셨지요?

전 : 그런 셈입니다.

김 : 그리고 4년 임기를 다 채우셨더라구요.

전 : 네.

김 : 지금까지 조사를 해 보니까 (한국은행 총재님이) 스물 두 분이 계셨죠. 근데 그가운데서 다섯 분이 (임기를) 다 채우셨어요.

전 : 네 그렇습니다.

김 : 첫 번째 독립된 중앙은행 수장을 무사히 마치시고 퇴장을 하셨단 말입니다. 그런데 쉽지 않았을 것 같아요. 어떻습니까?

전 : 저는 저 자신이 잘했다기보다는, 1997년 우리 경제사에서 엄청난 위기 국면에서 국민들이 위기 극복을 위해 금 모으기, 절약활동, 강한 성취동기를 발동하는 기업활동, 정부의 구조조정 과정에서 고통을 참아준 덕택으로 … 외환위기 이후에 잠재 성장률 수준으로도 … 성장속도도 되찾고, 물가도 안정되고, 국제 수지도 흑자가 나고, 이런 과정에서 퇴임을 했기 때문에 … 아마도 제가 그런 평가도 받고, 복 있는 사람이 되지 않았나 이런 생각이 듭니다.

김 : 그리고 또 직원들로부터 가장 존경하는 총재로 뽑히셨더군요. 사실 (총재로) 계실 때는 개혁 같은 것도 많이 하시지 않으셨던가요?

전 : 사실 우리 직원들한테는 미안할 정도로 혹독하게 구조 개혁을 한 셈입니다. 1998년 4월 말입니다만, 전체 2천9백여 명 가운데서 26 퍼센트를 명예퇴직을 시켰어요. 외환위기 직후니까 여러 분야에서 구조조정을 하는 과정에서 명예퇴직자들의 반발이 심했습니다만 한국은행이라는 중앙은행만이 그런 형태가 일어나지 않았기 때문에 아마 잊혀졌을 겁니다. 그러나 저로서는 한국은행 직원들에 대해서 뭐라고 죄송한 말씀을 드릴 수 없을 정도로, 혹독한 구조조정을 한거죠. 한국은행이 상사법인이 아니기 때문에 사실은 부실기업이 아니거든요. 그럼에도 금융부분의 구조조정이 수반되어야 하기 때문에 중앙은행으로서 모범을 보인 셈이지만, 구조조정 과정에서 명예퇴직을 하게 된 직원의 처지에서는 정말로 뼈아픈 고통이었죠. 이 자리를 빌려 당시에 회사를 나가게 된 우리 직원들에게 다시 한 번 위로의 말씀을 드립니다.

김 : 그럼에도 멋있는 총재가 되셨는데 … 저도 깜짝 놀랐어요. 조사를 하다가 보니까 총재님 재직 중이신데, 아드님 두 분이 결혼을 하셨죠?

전 : 그렇습니다.

김 : 저한테는 청첩장을 안 보내셨더군요.

전 : (웃음) 미안합니다. 공직자의 도리를 한 거죠.

김 : 그래서 누군가 퇴임을 하실 때, 이런 표현을 하셨어요. (총재님을) 굉장히 도덕적으로 상당히 존경을 한다고 하는데 … 그런 부분들이 높이 평가된 게 아닌가 생각을 해 봅니다만.

전 : 그것은 당연하다고 생각했어요. 우리 직원들이 같이 … 총재도 어려운 일 있을 때는 같이 어려움을 겪고, 좋은 일이 있을 때는 같이 겪는다는 마음만 있었을 뿐이지 사실은 우리 직원들에 대해서 특별히 잘 한 것은 없지 않나 하는 생각이 듭니다. 자녀들 결혼식을 안 알리는 것은 어디 저만 그렇습니까. 다른 분들도 많죠. (웃음)

김 : 쉽지 않은 게 오늘날의 현실이기도 합니다.

전 : 그렇지 않을 겁니다. 제가 몰라서 그렇지……. (웃음)

김 : 한국은행 하면 저희들이 가장 먼저 떠오르는 것이, 매년 독립선언 비슷한 것을 했어요. 한국은행이 독립해야 한다는 … 1998년도에 한국은행법이 새로 만들어져서, 중립성이 어느 정도 확보되어 있기는 하지만 … 그러나 해 보시면서 어려움도 있으실 것 같단 말이죠.

전 : 그렇습니다. 흔히들 과거의 한국은행이 중앙은행으로서 독립성 내지 중립성을 주장하는 것을 기관 이기주의로 이해하는 경우가 더러 있는 것 같습니다. 그러나 그것은 기관 이기주의일 수는 없고 … 통화관리라고 하는 것은 잘 아시다시피 발권비용이 … 비용 면에서 보면 대단히 적은 비용을 가지고 구매력을 발동하는 통화를 발행을 하기 때문에 성장지상주의를 밑받침하는 경향이 있는 경우에는, 통화를 사실은 팽창적으로 발행할 우려가 있습니다. 대

개 정치권이나 행정부 처지에서는 성장률 후퇴가 곧 실업의 증가
이고 국민들에 대한 기대를 덜 충족하는 것이기 때문에 성장률이
떨어질 때에는 통화를 증발해서라도 성장률을 유지하려고 하는
경향이 있거든요.

그러나 그것이 나쁜 것이 아니고 아주 좋은 것이지만, 통화를 무
절제 … 뭐 그런 정도는 아니더라도 과도하게 발행하게 되면 물가
가 올라가 버리거든요. 중앙은행은 통화가치를 지키고 물가를 안
정시키기 위해서 정치 내지 행정권으로부터 독립하겠다는 뜻이지,
결코 기관 이기주의는 아닙니다. 그런 뜻에서 중앙은행이 독립 내
지 중립성을 요구하는 것도 말하자면, 통화관리를 정치권 또는 행
정부로부터 독립적으로 유지함으로써 물가안정을 통한 건전한 경
제성장을 뒷받침하겠다는 의지의 표현입니다. 이것이 자칫 기관
이기주의로 비칠 우려가 있는데 결코 그런 건 아니었고, 지금도
그렇고 앞으로도 그럴 겁니다.

김 : 예전의 관행으로 보면 한국은행이 재무부 남대문 출장소다, 재경
부 남대문 출장소다 뭐 이런 말들을 들었단 말이죠.

전 : 제도적으로도 보면, 과거에도 그렇고 … 1998년 말에 개정된 현행
한국은행법을 보더라도 아직 중앙은행의 중립성 내지 독립성을
100퍼센트 지키는 것에는 제도적인 한계가 있습니다. 우선 금통
위원 구성에서도 외국의 중앙은행 경우에는, 중앙은행 집행 간부
가운데서 통화관리담당부서 간부 두 명 정도는 정책위원회나 금
통위원회에 위원이 되는 것이 다른 나라의 보편적인 현상입니다.
일본만 해도 그렇구요.

그런데 우리는 현재 구성에 대한 기속력이 없기 때문에 행정부에
서 많이 오게 되고, 예산 심의권도 재경부가 가지고 있으니까. 또
검토 내 의결에 대한 재의권도 가지고 있고, 재경부 차관이 검토
위원에 열석할 수 있는 등, 여러 가지 제약이 있습니다. 이것 때문
에 아직도 완전한 중립성 내지 독립성을 유지하기에는 미미하다

고 생각을 많이 하고 있구요.

사실은 그것보다는 통화신용정책에 관한 고유권한은 금통위 권한
이니까 금통위의 통화신용정책 의결일자 전후 일주일 정도에는
관련기관에서 통화신용 정책에 대해 언급하지 않는 것이 좋습니
다. 그래야만 시장에 대한 영향력을 덜 주게 되는 것이거든요. 자
칫, 금통위가 금리를 올리겠다는 전망이 있을 때, 다른 기관에서
도 올리겠다고 하면, 마치 다른 기관에서 올리겠다고 의사표시를
했기 때문에 금통위가 올린 것으로 보인단 말입니다. 그러면 시장
은 신뢰를 잃거든요. 금통위가 훌륭하거나 한국은행이 훌륭하거
나 해서가 아니라, 시장에 적응하려면 중앙은행의 통화신용 정책
에 신뢰가 있어야 한다는 말입니다. 그러한 뜻에서 정책 결정 전
후에는 언급을 하지 않는 것이 다른 나라에서도 관례입니다. 그런
등등이 흔히 중앙은행 중립 내지 독립성을 저해한다는 표현을 하
는데, 서로 이제 관행이 정착되어야 할 것 같아요.

김 : 전 총재께서 계실 때는 꽤 그런 면에서 … 특히 가장 예민한 금융
문제를 놓고 꽤 말들을 아껴 오지 않았습니까.

전 : 그런 편이었죠.

김 : 전 총재께서는 거의 자물쇠 비슷하게 말씀을 아끼셨고, 주변에서
는 그런 금리에 대해서 … 또 상황이 그랬겠지만 … 상당히 금리
문제에 대해서 과묵하게 신중하게 갔던 부분이 있지 않았나 보거
든요. 그러면서 꽤 불협화음이 적었지 않았나 하는 생각을 가졌습
니다. 그런데 최근에 보면 자꾸 그런 말들이 튀어나와요.

전 : 지금도 잘 하고 계신데 제가 무슨 말씀을 할 수 있겠습니까만, 언
제든지 완전무결이라는 것은 없어요. 서로 상대방에 대한 의사결
정 권한을 존중하고 앞으로도 그런 관행이 정착되는 것이 시장신
뢰 면에서는 핵심이 아닌가 생각합니다. 그래서 현재에도 잘하고
있고 과거에도 잘 했지만, 그런 오해가 없도록 신중을 기하는 것
도 결코 나쁘지 않다고 생각합니다.

김 : 미국의 연방준비제도이사회(FRB)를 보면서는 어떻게 생각하십니까? FRB의 의장을 하면, 세계 경제대통령이라고 볼 정도로 권위도 대단하고 영향력도 있고 그렇지 않습니까. 그런 제도나 운영을 보시면서 어떤 느낌을 가지셨어요?

전 : 역시 선진국이다는 생각을 안 가질 수가 없죠. 미국만 해도 FRB나 그런 … 경제대통령이라고 할 수 있을 정도로 연방준비제도이사회 의장이 높은 권위를 얻을 수 있었던 것은 그만큼 행정부나 정부가 중앙은행 통화신용정책에 존중을 해 줬고, 그렇지 않으면 경제운영에 손해가 난다는 것을 이미 알고 있었던 거죠. 오랜 경험을 통해서 역시 통화신용정책에 관해서는 중앙은행 의사결정을 존중하는 것이 경제운영에 도움이 된다는 것을 확실히 했고, 그것이 오랜 기간을 거치면서 관행으로 자리잡았기 때문에 선진국 모형으로 비추어지지 않나 하는 생각을 합니다. 우리도 많이 좋아졌어요. 앞으로 더 나아져야겠죠.

김 : 총재로 취임하셨을 때 만나 뵙고 인터뷰를 했습니다만, 학자로서 참 부끄럽다는 말씀을 하신 기억이 납니다.

전 : 그런 에세이를 하나 썼죠.

김 : 그때 제가 들은 기억이 납니다만, 학자로서 IMF가 온다는 것을 예측도 못했고 공헌도 못했고 참 부끄럽다는 말씀을 하셨는데 … 저로서는 당연하구나 하면서도 … 아 정말 이런 학자도 있었구나 하는 생각을 했습니다. 실제 그렇게 부끄러웠는지요?

전 : 제가 「지성인의 회환」이라고 하는 14장짜리 수필을 썼습니다. 1997년 12월에 썼으니까 그때가 외환위기 직후죠. 그때 정말로 경제학을 공부해 온 사람으로서, 또 경제학을 해서 평생 밥 먹고 사는 사람으로서, 국민들에 대해서는 물론이고 저 스스로도 경제학을 공부하는 점에 대해서 부끄럽기 한이 없다고 생각했습니다. 잘 아시는 것처럼, 학자는 경제현상을 설명하고, 또 경제현상이 잘 가는지 못 가는지를 내다보고, 잘못 간다고 판단하면 대응책을 마

런하도록 의견을 내고 정책방향을 제시할 수 있어야 하거든요. 그런데 불행히도 외환위기 같이 엄청난 국민의 희생을 요구하는 위기가 왔는데도, 사실 위기를 감지한 것은 1997년 10월로 해서 4, 5개월 전밖에 안 됐습니다. 이때는 이미 늦어버렸거든요. 사실 그 이후로는 정말 절필하려고 했어요. 다시는 글도 쓰지 말고 … (웃음) 그냥 부끄러웠죠.

정치인이 모른다는 것은 제가 이해를 해요. 왜냐하면 그 양반들은 정치권력을 장악하고 유지하는 데 온 힘을 쏟기 때문에, 경제문제에 대해서 신경을 안 쓸 수는 없겠지만 우리처럼 절박하지는 않거든요. 행정부만 아니라 기업인들도 자기 타성을 가지고 있어요. 그러면 객관적으로 볼 수 있는 자리에 있는 전문가는 학자들이란 말이에요. 학자들이 그걸 모르고 있다고 … 특히 다른 사람을 탓할 수는 없고 … 내가 경제학을 해서 밥 먹고 살면서 학생들한테 잘났다고 가르쳤는데 … (웃음) 이런 위기를 4, 5개월 전에서야 겨우 감지하고 … 미안하죠.

김 : 총재님은 제가 서두에 아주 부럽다고 표현을 했었습니다만…….

전 : 고맙습니다. (웃음)

김 : 경제기획원에 … 고시를 하셔서 관료생활을 하시지 않으셨습니까. 교수생활도 쭉 해서 … 지금 말씀드린 게 23년 … 그리고 한국은행 총재…….

전 : 대단히 영광스럽게도…….

김 : 부럽기도 하고 그렇습니다. 그런데 … 그러고 보면 정말 많은 걸 보셨지 않겠어요. 한국 경제에 관해서도 여러 가지로 보고, 관리들도 보고, 행정부도 보고. 어떻습니까? 지금 총재님께서 보시기에 우리 관리라고 할까요. 우리 정부라고 할까요.

전 : 저는 사회가 일국(一國) 전체든, 세계 전체든, 아니면 특정조직이든 … 이를테면, 관료조직이든지 기업조직이든지 개별기업이든지 개별관청이든지 간에 … 그 조직은 생물체처럼 유기적인 변화를

해 올 뿐만 아니라, 그 조직 안의 흐름과 정신이 있습니다. 그런 면에서 보면 우리나라의 관료체계는 해방된 뒤로 … 정부수립이 1950년입니다만, 정부수립 뒤에 1960년대까지는 대개 왜정 시대의 전통과 관료의식이 상당히 지배했던 것 같아요. 1962년 경제개발이 시작되면서 정부주도용으로 끌고 오다가 보니까 … 정부가 비교적 정치·사회·경제를 이끌 수 있다는 의식이 아직도 많이 남아 있지 않나 하는 생각이 듭니다.

그러나 잘 아시는 것처럼 1980년대부터 우리 경제규모가 대단히 커졌거든요. 세계 10위권 안에 들어와 있단 말이에요. 이렇게 들어와 있고, 민간경제 규모도 커지고 특히 기업활동이 활발해지고 … 또 금융·산업분야 할 것 없이 세계적인 기업이 우리나라에 나올 정도이기 때문에, 이제는 정부가 모든 분야를 이끌 수 있다고 판단하기보다는 민간(기업)이 활발하게 움직일 수 있도록 지원을 해 주고 규칙을 제정해 줘서, 이것을 지키는가 안 지키는가만 봐도 우리 경제사회가 잘 발전할 수 있지 않나 그런 생각을 가지고 있습니다.

김 : 고서에도 관심이 많으시다고…….

전 : 그렇습니다. 죄송스럽습니다만 … 대개 나이를 먹고, 공부를 오래 하고 그러다 보면 아무래도 고전으로 나갈 수밖에 없죠. 새로운 아이디어, 새로운 사고 패턴·유형을 얻으려면 옛날로 돌아가야 할 것 같더군요. 그래서 첫 작업으로 한국은행이 소장하고 있는 고서에 해제(解題)를 — 물론 돈을 들여서 만든 것이긴 하지만 — 달아 책도 만들어 냈고 … 제 자신도 이차적으로 과거 저작물을 모아서 출간하고 나서 해제 작업에 참여하려고 합니다.

(중간 자료화면)

구겨진 국가 위신이 되살아나는 순간
무엇보다 펜을 쥔 내 손에서 힘이 느껴졌다

이 순간을 나는 평생 잊을 수 없을 것 같다
-IMF 조기상환 최종 서명식 -

김 : 부인하고 굉장히 금슬이 좋으신……

전 : (웃음) 저만 그렇습니까. 다 그렇죠.

김 : 총재가 되셨을 때, 이런 얘기를 들었습니다. (총재가 되었다는 말을) 어떻게 들으셨냐고 하니까 … 부인하고 두 분이서 산책을 나갔다가 와서 바로 들었다는 말씀을 들었습니다.

전 : 그날 사실은요. 양재동 하나로 클럽에 쌀 팔고 … 채소 사러 집사람 하고 나갔습니다. 운전하고 갔다가 돌아오는데, 집에 와서 보니까 기자들이 몰려 있더군요.

김 : 교수로 계시다고?

전 : 충남대학교 국어국문학과 교수로 재직하고 있습니다. 이제 집사람도 임기가 정년이 4년 남았습니다.

김 : 아니 근데, 쌀 팔러 갔다 오셨으면 차를 가지고 가셨지 않습니까.

전 : 물론이죠. 제가 운전하고……

김 : 그런데 차가 … 조그마한 차라고 들었어요.

전 : 그때 그 차입니다. (웃음) '프라이드'……

김 : '프라이드'를 언제부터 타신 겁니까? 그러니까 그 당시에……

전 : 두 대째죠. 지금……

김 : 그러니까 … 꽤 오래 되신 거죠?

전 : 1987년부터……

김 : 두 분이 … 총재 되시기 전에는 '전철환 교수님' 아니십니까.

전 : 중간에 '콩코드'를 한 번 탔어요. 그런데 그 차가 크더군요. 그래서 도로 '프라이드'로……

김 : 특별한 이유라도 있습니까?

전 : 우선 차가 작구요, 우리나라 도로가 … 골목길이 많다보니까, 주차하고 차 운행하기가 편하고, 차가 꽤 튼튼합니다. 기름도 적게 들

어 가구요.

김 : 지금도 쓰고 계시구요?

전 : 집사람도 그걸 타고 다니고, 저도 특별한 일이 없으면 그것을 타고 다닙니다.

김 : 공적으로는?

전 : 공적으로는 다른 차를 쓰고요. 당연히 그렇죠. (웃음)

김 : 진짜 프라이드 선전자로 나가셔도 될 것 같아요. 근데 이제 단종되어서……. (웃음)

전 : 단종되어서 안 나오니까요. 선전해도 안 되죠. (웃음)

김 : 군대 가셨을 때는 고시 합격을 하시고 가시지 않으셨습니까.

전 : 그렇습니다.

김 : 그런데 운전병으로 가셨다구요?

전 : 군대 인사관리를 잘 한 건지, 잘못 한 건지 잘 모르겠지만… 제가 육군사(史)를 다 알지는 못하지만 고시 합격자 가운데 운전병을 한 사람은 저밖에 없을 거예요. (웃음)

김 : 그래서 그런지 취미란을 보니까 '운전'이라고 해 놓으신 게 있죠? 그건 운전병 이후에 운전이 취미가 된 겁니까?

전 : 그것도 있구요. (웃음)

김 : 박승 총재가 전 총재 다음에 맡으시고, 또 박승 총재는 공적자금관리위원이셨고 … 또 이번에 공적자금관리위원이 되셨고…….

전 : 위원장 유무는 제가 말씀드릴 처지가 아니구요. 그렇게 되었어요. 맞바꾸기 하는 것처럼 볼 수밖에 없게 되었습니다. (웃음)

김 : 쭉 지금까지 일하시면서, 제일 기억에 남았던 일은 어떤 일이십니까?

전 : 뭐니 뭐니 해도, 외환위기 직후… 잘 아시다시피 제가 1998년 3월 6일에 한국은행 총재로 취임을 했는데, 당시에 IMF와 한국 정부 사이에 협약·협정에 따라서 거시경제 정책 내지 미시경제 정책을 운영하고 있을 때입니다만, 당시에 외환위기를 극복하기 위한

거시정책으로 긴축을 수행하기 위해서 콜금리가 … 제가 알기로는
취임하기 전날 콜금리가 26퍼센트였습니다. 이렇게 금리가 높아
가지고는 기업이 살아남을 수가 없죠.

물론 1997년 말에서 1998년 사이에 수많은 우리나라 기업체가 도
산하고, 실업인들도 … 성장률이 마이너스로 가기는 했습니다만,
금리가 이렇게 높아 가지고는 안 됩니다. 환율은 반대로 1997년
10월 이전에 9백 원대 하던 것이 1천9백 원대까지 갔거든요. 이것
도 비정상적으로 한꺼번에 높아진 것이거든요. 거기다가 외환 보
유고는 IMF로부터 스탠드 바이 어그리먼트(stand by agreement)까
지 … 대기성 차관 1백96억 달러까지 합쳐서 2백30억 달러밖에 안
됐습니다. 이래가지고는 경제운영을 할 수가 없죠.

다시 말하면 디폴트(default) … 국가부도는 가까스로 넘겼지만 이
런 상태로는 경제운영을 제대로 할 수 없기 때문에 금리도 계속적
으로 외환수급 상황이나 경제상황에 따라서 낮춰나가야 하고, 환
율도 과도하게 오버슈팅(overshooting) 되어 있기 때문에, 너무 높
아졌기 때문에 낮춰야할 필요가 있고 … 이런 어려운 환경을 당했
습니다마는, 정부가 구조조정을 하고 국민들이 이에 참여를 해 줬
고 적극적으로 긴축을 감내해줘서 잘 아시다시피 2000년부터는
매우 빨리 경제 성장속도를 되찾고, 물가도 안정이 되고, 외환보
유고도 늘고 해서, 작년 8월에 IMF로부터 빌린 돈 1백96억 달러
가운데 마지막 5억이 남았을 때 이것도 다 갚아 버리고…….

(자료화면을 보면서) 중앙은행 돈이 나가는 거니까 제가 사인을
했습니다만……. (웃음) IMF도 깜짝 놀라고, 세계도 놀랄 정도로
우리 국민들도 참 … 구겨진 국가 위신과 국민의 자부심이 되살아
나는 과정이 아니었나 생각합니다. 이러한 일련의 과정을 제 임기
가운데 겪었기 때문에 저로서는 대단히 영광스럽고 평생 잊을 수
가 없는 거죠.

김 : 혹시 외국의 금융기관이라든지 이런 곳에서 … 성공사례를 강연해

달라는 얘기도 많이 나왔을 것 같은데요?

전 : 이미 강의도 몇 번하고 중국도 다녀왔구요. 미국에서도 다른 경제
연구소에서 얘기를 해 달라고 하고, 동남아에서도 그러고 … 그래
서 앞으로 우리 경험을 전파하는 것은 다른 나라도 위기를 극복하
는 데 도움이 되지 않을까 생각합니다. 특히 중국이 우리 모델을
상당히 배우고 싶어 하는 것 같아요. 접촉을 해 보니까 … 중국도
사실 부실기업이 많거든요. 평가기관마다 다르긴 하지만 중국 금
융기관이 안고 있는 부실 채권율이 20퍼센트가 넘는다는 얘기도
있고, 그렇지 않다 10퍼센트 미만이다 하는데 어느 쪽이든지 과도
하거든요. 그래서 아마 구조조정을 성공적으로 해 온 우리나라가
좋은 경험이 아닌가 싶습니다. 물론 우리가 구조조정을 성공적으
로 했다고 했더라도 국민들이 공적자금 1백56조 원을 투입할 정
도로 채워준 덕택이지, 저절로 한 건 아니죠. 그러나 정책 수립과
시행 내용은 배울 만하죠. 일본이 결국 구조조정을 못해서 '잃어
버린 10년'을 겪고 있지 않습니까.

김 : 총재님이 구조조정에 성공을 하셨습니다만, 앞으로 한국경제나
한국의 미래상을 총재님의 경험으로 보실 때 어떻게 보십니까?

전 : 첫 번째, 우리가 우리 경제를 내다보면서 잊어버리지 말아야 할
것이 있죠. 물론 전문가 집단은 말할 것도 없고, 기업도 정부도 모
두 알고 있는 사실입니다. 우리나라가 외환위기 이후에, IMF 프로
그램에 따라서는 물론이고 그 전부터 세계화, 개방화, 자유화가
진행이 되었거든요. 이제 우리나라는 거의 WTO 규정을 다 준수
할 수 있는 수준까지 세계화가 되었고 개방화가 되었기 때문에,
우리 경제 하나만의 운영으로 우리 경제의 앞날이 결정될 수는 없
습니다. 세계경제와 같이 가게 되는 것이거든요. 그래서 앞날을
예측하기에는 쉽지 않지만, 그래도 세계 경제가 후퇴하지 않는 …
적어도 대외적으로는 후퇴할 이유가 없다고 생각을 하구요.

두 번째로는 아무리 대외여건이 좋더라도 스스로 극복하고 스스

로 자생력을 발동해서 창의성을 발휘하지 못하면, 결국 경쟁이 심해진 상황 아래서 경쟁에서 질 수밖에 없다는 뜻입니다. 이런 점에서 우리 국민들이 내재적으로 가지고 있는 창의성을 충분히 발휘할 수 있도록 제도와 정책이 수행된다면 국민들의 역량이나 과거 경험으로 봐서, 상당한 기간 지금과 같은 성공적 경제운영을 하지 않을까 생각하고 있습니다.

다만 이제 세 번째로, 그런 과정에서 동남아에서는 13억의 중국이 빠른 속도로 우리를 쫓아오고 있거든요. 일본은 일시적으로 후퇴하고 있습니다마는 일본도 잠재역량은 아직도 충분하거든요. 주변국들 사이에 경쟁관계를 어떻게 보완해 나가느냐, 동남아 경제관을 어떻게 형성해 나가느냐가 관건이라고 생각합니다.

김 : 마지막 질문을 하나만 하겠습니다. 앞으로 계획이 있으시다면?

전 : 우선, 공적으로는 중앙은행 고문를 맡고 있으니까, 크게 도움을 드리는 것은 아니지만 고문직에 충실하구요. 두 번째는 공적자금관리 위원에 취임이 되었으니까, 또한 국민들의 재산관리에 철저하게 연구하고 참여해서 국민들의 재산을 지킬 수 있도록 애쓰겠습니다. 개인적으로는 제가 과거에 쓴 논문, 평론, 수상 에세이를 모아서 책도 내고… 연구계획이 아직 두 개 남아 있습니다. 그래서 계속해서 건강이 유지되고 활동할 수 있는 한… 제가 선생을 했으니까 학생들에게 가르치는 데 온 힘을 쏟겠습니다.

김 : 총재님, 지금 건강 보니까 많은 일을 하실 수 있을 것 같습니다.

전 : (웃음) 그래도 역시 효율이 떨어져요.

김 : 오늘 좋은 말씀 감사합니다.

전 : 감사합니다.

(『매일경제(MBN)』 '차한잔을 마시며' 2002. 9. 28)

3. 공적자금관리위원장을 맡으며

대담 : 김희중 『서울경제신문』 경제부장

現성장률 지속땐 公자금회수 단축

"우리 경제가 지금과 같은 성장을 지속한다면 25년으로 잡혀 있는 공석자금 상환기간이 예상보다 앞당겨질 수 있습니다. 공적사금이 마지 정부의 돈을 퍼주는 것처럼 인식되고 있으나, 금융을 정상화시켜 우리 경제에 활력을 되찾게 하기 위해 공적자금을 집행하는 것입니다. 오해가 없었으면 하는 바람입니다."

공적자금관리위원회 위원장을 새로 맡은 전철환 한국은행 고문은 공적자금상환에 대해 이같이 말하며 오해가 없었으면 한다고 강조했다. 전 위원장은 조흥은행 매각이 현 정부에서 이뤄질 수 있느냐는 질문에 "제3자에 대한 평가 등 일정을 종합적으로 감안하면 현 정부에서 마무리하기에는 시간이 좀 걸릴 것 같다"고 예상했다. 개혁적인 학자로 잘 알려져 있는 전 위원장은 새 정부의 개혁방향에 대해 "단절적인 개혁보다는 진화적 발전을 추구하는 게 바람직하다"며 "개혁에 대해 기득권층이 반발하는 것보다는 변화에 순응하는 긍정적인 생각을 갖는 게 더 중요하다"고 강조했다.

다소 부담스럽다는 공적자금관리위원장 자리를 맡으셨습니다.

아마도 제가 민간위원 가운데서 나이가 가장 많고 우리 사회가 연장자를 앞세우다 보니 위원장으로 선출한 것 같습니다. 하지만 저는 회의 때 사회자 구실을 할 뿐 의사결정에 참여하는 8명 가운데 1명일 뿐입니다. 공적자금이 국민 부담과 직결된 문제인 만큼 앞으로 공적자금 회수 극대화에 초점을 맞추고 최선을 다하겠습니다.

결국은 예상대로 신한지주가 조흥은행 우선협상대상자로 지정됐습니다.

공자위 전체회의에서 표결을 통해 신한지주를 선정했습니다. 인수가격은 물론 인수 뒤 경영계획이 좀더 유리하다고 판단했기 때문입니다. 단, 매각가격에 논란이 없도록 제3자에 조흥은행에 대한 가치평가를 의뢰하고 이를 협상과정에 반영하도록 했습니다. 두 은행 사이 합병이 대등하게 이뤄질 것, '조흥'브랜드를 계속 활용할 것 등도 함께 요구했습니다.

본계약이 다음달 25일 대통령 취임식까지 이뤄질 수 있겠습니까?

(웃으며) 그것은 장담할 수 없지요. 대주주인 예금보험공사와 신한지주 양측간의 협상에 달려 있습니다. 그 과정에서 시간이 조금 걸리겠지만 양해각서(MOU)가 체결되면 중요한 결정은 모두 끝나게 됩니다.

최근 대통령직인수위원회와 시민단체 관계자들이 만나 공자위의 독립성을 위해 조직을 총리실 산하로 이관해야 한다고 주장하기도 했는데요.

구체적인 내용은 아직 모르고 있습니다. 하지만 기존 감독기구를 대체하는 기구를 만드는 것은 정부기구만 늘리는 부작용을 낳을 수 있는 만큼 신중해야 합니다. 개인적으로는 공적자금 관리가 도저히 불가능한 경우가 아니라면 굳이 그럴 필요는 없다고 봅니다. 게다가 공적자금 투입 등 중대한 의사결정을 이미 다 했고 회수체제로 전환했습니다.

정부는 공적자금 회수기간을 25년으로 잡았습니다. 예상대로 잘 되겠습니까?

이미 투입된 공적자금을 예상보다 더 빨리 회수할 수도 있다고 봅니다. 물론 경제상황이 뒷받침해 줘야겠지요. 기업과 금융업계의 수익성이 나아지면 공적자금상환에 가속도가 붙을 것으로 봅니다. 현재로서는 새로운 부실이 누적돼 금융중개 기능이 다시 마비되거나 갑자기 위험한 상황까지 갈 가능성은 거의 없어 보입니다.

공적자금에 대해 부정적인 시각이 많습니다.

공적자금에 대해 국민들이 부정적으로 인식하게 된 것은 우선 공적자금 절대규모가 너무 크기 때문입니다. 또 공적자금을 투입하는 이유에 대한 이해가 부족한데다 회수속도도 빠르지 않기 때문입니다. 공적자금 투입과 회수는 일반 국민들이 충분히 이해하기 힘든 전문적인 문제이기도 합니다. 정부는 물론 언론계와 학계의 노력이 더욱 필요합니다.

화제를 경제로 바꾸겠습니다. 올해 세계경제를 어떻게 보십니까?

이라크전쟁, 북핵문제 등 어두운 소식이 많습니다. 하지만 어느 시대, 어느 사회나 낙관적인 상황만 있는 것은 아니지요. 더구나 외생적 상황은 통제할 수가 없습니다. 중국경제가 괜찮다고 하지만 석유수급문제가 심각해지면 영향을 받지 않을 수 없습니다. 우리나라라고 세계적인 불확실성 속에서 독야청청할 수는 없는 노릇입니다.

하지만 새 정부는 잠재성장률을 7퍼센트로 끌어올리겠다고 주장합니다. 주요 기관들은 올해 우리 경제가 5퍼센트대의 성장을 기록할 것으로 예상하고 있는데도 말입니다.

세계경제가 어렵지만 5퍼센트대의 성장은 충분히 가능하다고 봅니다. 그 이유는 1997년 외환위기 이후 우리 경제체질이 개선됐고 삼성 등 대기업들이 지난해 큰 폭의 흑자를 내서 현금보유량을 늘렸기 때문입니다. 이들은 보유한 현금만으로 설비투자에 나설 여력이 생겼습니다. 문제는 내수 중심의 기업들입니다. 가계부실로 경제활동인구 가운데 12퍼센트(2

백50만 명)가 벼랑 끝에 몰린 만큼 개인워크아웃 등을 통해 소비수요가 줄어들지 않도록 유도하는 것이 중요합니다. 이 문제를 해결하면 당선자가 말하는 잠재성장률도 달성할 수 있을 것으로 봅니다. 하지만 5년 또는 10년 뒤까지 우리나라가 자동차·선박·철강으로만 버티기는 힘듭니다. 서비스업의 경쟁력을 높이고 동북아 허브국가로 탈바꿈해야 하는 것도 절박한 문제입니다.

새 정부의 경제정책 틀에 대해서는 어떻게 보십니까?

아직 인수위는 정보를 수집하는 과정에 있습니다. 다음달 취임식까지 틀을 짜서 발표하면 새 정부가 공약으로 내건 '빈부격차 감소', '저소득층 경제활동 유도' 등에 대한 정책이 나올 겁니다. 시장경제체제 안에서 빈부격차를 줄인다는 것은 그리 쉬운 일이 아닙니다. 시장경제 자체가 효율성을 중요시하기 때문이지요. 빈부격차를 줄이기 위해 하위계층의 소득수준을 끌어올리는 한편 저소득층의 원활한 경제활동을 위해 교육·직업훈련·주거환경개선 등 실효성 있는 정책이 나올 것으로 기대됩니다.

새 정부가 '가진 자들의 재산을 빼앗는 것 아니냐'는 극단적인 말도 나오고 있습니다만……

정당하게 쌓은 부에 대해 탓할 사람은 없습니다. 하지만 불공정거래·탈세 등을 통해 편법으로 부자가 됐다면 일반 대중들의 '불편한 정서'가 있을 수밖에 없습니다. 그러나 새 정부가 이 같은 정서를 등에 업고 부유층을 압박하지는 않을 겁니다. 예를 들어 상속증여세 포괄주의의 경우 포괄주의가 아니면 오히려 상속이나 증여를 정확하게 할 수 없습니다. 항목별로 열거하다 보니 오히려 법을 개정할 때마다 거센 저항에 부딪혀야 합니다. 해당되는 사람들이 볼 때 당연히 '신세(新稅)는 악세(惡稅)'입니다. 더 많은 세금은 정당성 여부를 떠나 거부감을 가져오기 때문입니다. 새 정부의 개혁정책 또한 마찬가지입니다. 과민하게 반응할 필요도 없다고 봅니다. 개혁도 크게 보면 '정상으로 회귀'라고 생각할 수 있습니다.

새 정부가 들어설 때마다 개혁을 강조하다가 흐지부지되는 적이 많았는데요.

개혁이란 말을 너무 강조하는 것은 좋지 않습니다. 정치, 경제, 사회는 끊임없이 변합니다. 이 가운데 '진화적 발전'은 연속적인 변화이고 '혁신적 발전'은 단절적인 변화입니다. 진화적 발전이라면 굳이 '개혁'이란 말을 쓰지 않아도 됩니다. 후퇴하지 않기 위한 노력이라고 생각하는 게 맞을 것 같습니다. 기득권층의 처지에서는 새로 등장한 인물이 그의 철학을 실천하려는 과정을 바라보며 불안함과 불편함을 느낄 수도 있겠지요.

(『서울경제신문』 2003. 1. 27)

4. 내가 본 전철환 공자위 위원장

문학모(전 한국은행 금융통화위원)

피사체가 너무 크면 카메라는 무용지물이다. 전철환 공적자금관리위원장은 한 그루 거목과 같아 필자의 좁은 카메라 앵글로는 그의 참모습을 제대로 표현해 낼 수 없음을 느낀다. 전 위원장의 모습은 왜 이처럼 크게 보이는 것일까. 그것은 전 위원장이 필자와 같은 보통사람으로서는 도저히 뒤따를 수 없는 바르고 큰 길을 걸어왔기 때문이라. 많은 사람들이 현세적 명리와 영달만을 좇는 현실에서 그는 학자로서, 교육자로서, 한국은행 총재로서 지조와 소신을 지키는 선비정신의 길을 한눈 팔지 않고 걸어왔다.

첫째, 전 위원장은 '경제학은 어떻게 해야 나라경제를 제대로 세우고 백성들을 이롭게 할 수 있는가'라는 문제의식을 갖고 학문에 정진해 온 경제학자다. 탁월한 통찰력과 논리적 현실 분석을 바탕으로 한국 경제의 성장과 위기 극복방안, 경제민주화 과제 등을 찾기 위해 고민해 온 그의 태도에서 우리는 구도자적 학자의 모습을 발견한다.

둘째, 전 위원장은 가슴이 따뜻한 휴머니스트다. 인간에 대한 깊은 애정은 그가 교육에 일생을 바치도록 한 원동력이 되었고 제자 기르는 일을 저서 남기는 일과 함께 인생의 가장 큰 보람으로 삼는 바탕이 되었다고 믿는다. 제자들이나 부하직원들에게 아낌없이 애정을 쏟는 전 위원장의 모습에서 우리는 고매한 참 스승의 모습을 본다.

셋째, 정의실현과 민주주의 기본정신을 지키기 위한 전 위원장의 투철한 사명감과 정열에서 우리는 바르게 행동하는 지성의 참 모습을 찾는다. 암울했던 군사정부 시절 심한 고초를 치르기도 했던 전 위원장은 바른 길이 아니면 가지 않고 원칙에 충실하면서도 늘 상대방의 처지를 헤아리는 넓은 포용력과 열린 가슴을 갖고 있다. 그의 이런 모습은 한 가족을 이끌어 가는 큰 형의 모습이다. 지금까지 전 위원장을 선배라기보다는 큰 스승으로 생각해 왔던 필자로서는 앞으로도 전 위원장이 우리 사회의 앞길을 오래오래 밝혀 주는 큰 등불이 되어줄 것으로 믿는다.

(『서울경제신문』 2003. 1. 26)

5. 경제적으로 사는 것이 생활철학*

대담 : 안재형 『여성조선』 기자

한국은행 강남본부 9층에 자리한 전철환 고문의 사무실은 크기에 견주어 소박하게 채워져 있었다. 한국은행 총재로 재직(1998~2002)하며 소탈하고 깔끔한 인품으로 총리 후보에도 올랐던 그는 공직자의 언행일치를 강조하며 IMF 시절 한국은행을 이끌었던 것으로 유명하다. 퇴임 뒤 지금의 자리로 옮겼고 고문은 직원이 아니라면서 수행비서를 거부한 일로 화제가 되기도 했다.

2002년 3월 31일, 당시 한국은행 전철환 총재가 4년 동안 정들었던 은행문을 나서는 순간, 직원들은 아쉬움 속에 따뜻한 박수로 그를 떠나보냈다. 스물한 명의 총재가 거쳐 갔지만 그를 포함해 단 4명만이 임기를 채웠을 만큼 한국은행의 수장 자리는 부침이 심하기로 소문나 있다. 더구나 전 국민이 어려움을 겪었던 IMF 시기였기에 묵묵히 자신의 자리를 지킨 전 총재에 대한 직원들의 감회는 남달랐다고 한다.

"우리 직원들한테 감사하게 생각합니다. 오랜 만에 임기를 채우고 나가서 그런지 따뜻하게 보내줬어요. 깊은 애정이죠. 그게 고마워요."

| * 이 글은 『여성조선』 2004년 6월호에 실린 인터뷰 기사이다.

여전히 걸걸한 음성으로 그때 일을 떠올리던 전 고문은 사실 한국은행 총재로 임명될 당시 직원의 26퍼센트를 구조조정하는 초강수를 둘 수밖에 없었다. 내보낸 직원들에 대한 미안함을 표현할 겨를도 없이 바쁜 생활을 해야 했던 그 시기, 자신의 급여를 동결하고 직원들의 급여를 인상하는 파격으로 난국을 돌파해 나갔다.

"총재로 임명되기 전에 충남대학교에서 경제학을 가르치고 있었어요. 총재 급여가 아무리 작다고 해도 교수 급여보다 2배는 족히 되는 거야. 그러니 뭐하러 더 받습니까. 그리고 우리 직원들 급여를 올리기 위해서 내 급여부터 올리면 안 되죠."

골프는 NO, 편리한 차가 가장 좋은 차

단아한 미소로 고문의 모습을 지켜보고 있는 부인 이경자 씨는 충남대학교 국어국문학과 교수로 재직하고 있다. 1969년 결혼식을 올린 부부의 인연은 전 고문의 친구로부터 시작됐다.

"집사람이 내 친구 동생이야. (웃음) 친구는 고등학교랑 대학교를 같이 다녔는데 지금은 숙대 교수를 하고 있어요. 젊은 시절에 내가 달라고 그랬지."

"그때는 멍청했어요. 조건이고 뭐고 가난이 뭔지도 모르고 좋으면 그냥 다 될 것이라고 생각해서 했죠." (웃음)

학자로서 동반자로서 부부의 인생은 많은 사회지도층과 달리 격의 없고 소탈한 것으로 알려져 있다. 하지만 전 고문은 그런 세간의 평가에 전혀 그렇지 않다고 손사래를 쳤다.

"검소하다고 하시는 분들도 있는데, 그건 그렇지 않습니다. 사실 우리 가족들의 소득수준이나 생활수준은 아마도 상위 10퍼센트 안에 들어갈 겁니다. 그런데 검소하다뇨. 내가 필요로 하는 생활욕구나 소비수준은 충분히 수용하고 있는데 … 지금 빈곤계층이 9퍼센트나 된다는데 그분들에 견주면 나야말로 검소란 말을 들을 자격이 없는 사람이지."

한국은행 총재로 임명되기 전 '올바른 지방자치 실현을 위한 시민모

임' 등 오랫동안 시민운동을 해 온 전 고문은 그 시절 언행일치를 위해
골프를 거부하기도 했다. 물론 지금도 골프를 치지 않는 몇 안 되는 인사
가운데 한 사람이다. 지금도 강의를 위해 경기도 오산에 자리한 한신대
학교를 찾을 때면 자가용보다 빠르고 '공짜'인 전철을 이용한다.

그의 소탈함을 볼 수 있는 또 한 가지 일화는 관용차 외에 그가 가지고
있는 자동차와 관련이 있다. 1960년에 행정고시에 합격한 뒤 1961년에
입대한 그는 고시 합격자로는 드물게 운전병에 배속됐다. 군용트럭부터
구급차, 장군용 고급차까지 각종 차량을 몰면서 정비까지 맡은 덕분에
지금도 타이어나 소모품, 웬만한 부품은 손수 교체한다고 한다. 그런 그
가 소유하고 있는 자동차는 지금은 단종된 '프라이드 베타'다. 1985년 충
남대학교 시절 '프라이드DM'을 첫 차로 구입하면서·비롯된 인연이 벌써
햇수로 19년째다. 14년 동안 15만 킬로미터쯤 달린 차가 1999년 수해를
겪은 뒤 고장이 잦아지자 2000년에 폐차하고, 다시 지금의 프라이드 베
타를 중고로 구입했다고 한다.

"운전하는 걸 즐겨 해요. 등산도 좋아하고 요즈음은 허리가 아파서 쉬
고 있지만 등산을 좋아하니 아무데나 주차하고 험한데도 차를 가져가야
합니다. 그러니 고급차를 탈 순 없지요. 내 스스로가 자동차에 대해 잘
아니까 굳이 고급차가 필요 없어요."

전 고문의 이러한 프라이드 사랑에 부인도 반했는지 첫 차를 폐차시키
고 두 번째 차를 새로 사온 것은 이 교수였다고 한다.

"별로 자랑할 일도 아닌데요. 그냥 편하게 내세울 것 없이 살았는데 너
무 과장되는 것 같아서 부담스럽네요."

경제적으로 사는 것이 생활철학

경제학을 전공한 전 고문의 생활철학은 '경제적으로 사는 것.' 기본적
으로 무한대인 인간의 욕구가 재간에 미쳤을 땐 반드시 포기해야 하는
것이 있다고 믿는 그에게, 버는 것이 중요하면 쓰는 것도 중요하다란 의
식은 늘 가슴속에 담아 두는 말이다. 부인인 이 교수에게도 이러한 남편

의 마음이 늘 살아가는 기준으로 자리했다고 한다.

"지금 제 위치에선 공급이 수요보다 많으니까 소비가 미덕이 될지도 모르죠. (웃음) 하지만 절약은 기본이죠. 기본적으로 공짜가 없다는 생각에 그렇고 또 절약해서 남은 돈으로 좋은 데 쓸 곳이 엄청 많습니다. 그렇게 살아왔어요."

이런 전 고문이 한국은행 총재로 부임할 때 공개한 재산은 약 9억 6천만 원. 퇴직할 때도 크게 변동이 없었다는 그가 지금도 미안한 일은 둘째 아들의 주식투자 부분이다. 취임 첫 날 온 가족이 모인 자리에서 전 고문은 자신이 재직하고 있는 동안 의심받을 수 있는 가족들의 금융거래를 정지시켰다고 한다. 사지도 말고 팔지도 말라며 신신당부한 일. 마침 주식을 가지고 있던 둘째 아들은 주가가 곤두박질치는 순간에도 주식시세와는 담을 쌓아야 했다.

"나중에 오래 갖고 있으니까 거꾸로 회복이 됐어요. '아버지 손해는 안 봤어요' 하더군요." (웃음)

두 아들 모두 결혼해 손자와 손녀를 두고 있는 전 고문부부는 자식교육 면에서도 다른 사람들의 부러움을 사고 있다. 아버지와 큰아들 내외, 작은아들이 서울대 동문이고 어머니와 둘째 며느리가 이화여대 동문인 것. 큰아들 내외는 서울대학병원 의사로 있고, 둘째아들은 사법시험에 합격해 지금은 헌법재판소 공보담당 연구관으로 있다.

"어릴 때부터 아버지하고 토론하길 즐겨했어요. 지금도 집에 와서 밥 먹을 때는 서로 토론하고 의견을 나누곤 해요. 애들 아버지가 항상 희망사항을 늘어놓는 건 토론이 아니라고 가르치셨거든요. 객관적인 사실을 확인하고 가치판단을 할 수 있는 능력을 강조하셨어요. 그랬더니 애들이 질문을 많이 하더군요. 오히려 전 이래라 저래라 하지 않았죠. 애들이 너무 자유롭게 풀어놨다고 푸념하더라고요."

이 교수는 두 아들이 아버지와 토론할 때 왜 그런 결론이 나오는지 역사적인 배경 이야기를 많이 나눴다고 한다. 사춘기의 반항을 있는 그대로 받아들이는 것, 스스로 해결할 수 있게 무관심해 주는 것도 아이들에게 많은 도움이 되었다고 이야기했다.

"물론 작은 반항은 있었죠. 애들 아버지도 그렇고 저도 그렇고 공부하라는 예기를 왜 해야 하는지 한동안 고민했어요. 그럼 그냥 스스로 알아서 해라 했더니 결국 돌아왔어요. 남편은 그게 인간의 기본적인 욕구라고 하더군요." (웃음)

두 아들을 한국은행 총재시절에 결혼시키면서도 정작 부총재조차 그 사실을 몰랐을 만큼 전 고문 부부의 공직자 윤리는 남달랐다. 의사와 법관으로 성장한 아들들이 며느릿감을 소개시켜 줄 때도 돈이나 명예, 집안보다는 사랑을 듬뿍 받고 자란 며느리를 바랐다고 한다.

"애들 아버지는 아들만큼 개인의 역량이 있고 가정을 잘 돌봤으면 좋겠다란 바람을 이야기했어요. 전 좀 달랐는데 집안이 가난해도 충분히 사랑을 받고 자란 아이라면 두말 않겠다고 했어요. 굉장한 집안에 시집오는 것도 아니니 몇 억짜리 혼수를 찾기보다 몇 억짜리 사람을 데려오라고 했죠."

"그런데 이놈들이 잘한 거 같아. 내가 생각해도 우리 며느리들은 아주 훌륭해요."

두 며느리에게 모두 혼수 받기를 거절한 전 고문 부부는 오히려 혼수를 더 바라는 것 아닌가 하고 오해한 사돈들을 설득하느라 힘들었다고 한다. 지금은 큰아들에게는 다섯 살 된 손자가, 작은아들에게는 6개월 된 손녀가 있다고.

"아들들 둘이 다 제 엄마하고 같이 있고 싶은지, 아파트 한 단지 안에 살고 있는데 손자 손녀 꼬물거리는 거 보는 게 요즘 낙이예요."

"자식들은 그런 거 같아요. 아무리 줘도 더 주고 싶은 거. 요즘은 우리 아파트에 소문이 났어요. 총재님이 손자 손녀 업고 다닌다고." (웃음)

지금까지 가장 행복한 일은 아이들이 잘 커줬다는 것

가장 행복했던 순간을 묻는 기자에게 '아이들이 좋은 성적표 받아왔을 때'라며 함박웃음을 지은 전 고문은 매 순간 그렇지만 애들이 잘 커 주는 게 가장 큰 행복이라고 덧붙였다.

"애들이 성적 잘 받아올 때 우리도 우쭐(?)했지. 그건 어쩔 수 없는 거 같아."

"좋은 대학 갔을 때도 그랬죠. 아버지하고 동문이라는 의미도 있었고. 둘째 아들이 사법시험에 합격했을 때도 그랬구요. 지금처럼 늙어서 행복한 건 아무래도 손자 손녀 때문이죠. (웃음) 우리 하나도 요란스럽게 살지 않았어요. 여느 분들처럼 아들이 잘하면 그게 행복이었지. 저는 밥하고 살림하고 나머지 시간에 공부하였고, 남편은 사회활동 하면서도 집에 굉장히 충실하셨어요. 저 혼자 밥하면 옆에서 청소도 해 주시고 밥 먹고 나면 설거지도 해 주시고, 제가 손자 손녀 보기 힘들어 하면 당신이 얼러 주시기도 하셨어요."

"아이들 교육은 알게 모르게 먼저 성격을 파악하고 있어야 합니다. 아이들이 크면서 공부하는 건 공부가 재미있기 때문이지 그렇지 않으면 할 수가 없어요. 가장 기본적인 요소는 우리 아이들이 어디에 흥미가 있고 어떤 걸 즐겨하는가 알아내는 거예요. 그런데 그게 쉽지 않거든요. 힘들고 어려워서 회피하려고 하는데, 아이들에게 부담을 주면 피해버린다고. 평소에 애들이 싫증 내지 않도록 노력했죠."

조금은 덜 개방적이고 무엇이든 혼자하길 좋아하는 큰아들과 개방적인 성격에 논리적이었던 작은아들 모두 이러한 어머니, 아버지의 분위기에 자연스럽게 녹아들었다고 한다. 그래서인지 두 아들 모두 지금도 고민되는 일이 있으면 늦은 밤에도 집에 들러 부모님의 의견을 묻고 돌아간다고 했다.

"이놈들이 손자 손녀 봐달라는 거지. 그건 예뻐. 일부러 밤늦게 찾아오면 그래서 걱정이 앞서기도 한다니까." (웃음)

"어제도 11시까지 손자 손녀랑 같이 있었는데……." (웃음)

哲煥이여! 學兄이여!

1. 哲煥이여! 學兄이여!

鄭敎寬(전 새마을연수원장)

이 무슨 날벼락이란 말인가
이런 허망한 일이 있단 말인가
哀痛罔極之衷情을 어찌 慟泣으로 가름할 수 있으리오. 다만 슬프고도
슬프도다.
친구여
좋은 사람이여
큰 인물이여
정확, 냉철한 판단으로,
해박한 논리로
예리한 통찰의 혜안으로,
따뜻한 가슴으로,
후학들을 길러내면서
말 한대로 실천하며
몸으로 솔선 궁행하고
수범을 보이던
대 석학이면서도,

올곧은 공인이면서도,
오롯하고, 소탈하고 따뜻한 인정많은
친구여!

좋은 사람이여
큰 대들보
벗들의 든든한 울타리
자기 아들들 혼사 때는 알리지도 않고
몰래 몰래 하면서도
친구, 친지들 애경사에는 빠짐없이 챙기던 친구, 따뜻한 이여!
자기자신에게는 서릿발처럼,
남을 대할 때는 따뜻한 봄바람처럼
처신에 본을 보이던 친구
악인의 꾀에 빠지지 아니하고
죄인의 길에 서지 아니하며
오만한 자의 자리에 앉지 않고
공의로운 일에 진침봉공하며
그 큰 경륜을 더 펴야 하지
어찌 그리도 급히 떠났는가!

제기동 자취방에서 김치담아 맛보라고 내 입에 넣어주던 손길이,
상과대학 松林에서 밤을 지새우며 토론에 앞장섰던 열정이,
스피어깡에 막걸리 사다가 통음하며
사자후를 토하고 젊음을 불사르던 그 기개가,
새삼스리 주마등처럼 스쳐오네

여름방학 때 우리집 대나무 숲에서
대나무 가지로 만든 빗자루와 바지랑대

어깨에 메고 덜렁덜렁 황톳길 고개 넘어가던
친구의 소탈 소박한 모습이 눈에 선하게
문득 문득 떠오르네 그려
'매실따러 내려갈께……'
하더니 그냥 떠나버렸는가

솔뫼여! 좋은 사람이여!
일전에 북경대학 도서관에서
친구의 저서를 보며 내 친구 평유(朋友)라고 자랑도 했는데
이렇게 떠나는가
나랏일을 더 살펴야 할 것을 이렇게 떠나는가!
이제 저 좋은 세상으로 가서
유족들, 친구들, 나랏일 굽어 살피며 잘 있게나
거기서 다시 만날 때까지

아내가 담근 매실 술 한 잔 따라놓고
명복을 비오니
친구여! 좋은 친구여! 德人이여!
큰 사람이여! 좋은 세상으로 자알 가시게나
국가에서 추서한 국민훈장 무궁화장을 가슴에 안고

(2004. 6. 18)

2. 님이시여, 스승님이시여!

강기형(제자 대표)

저희들을 두고 어떻게 이렇게 갑자기 가실 수가 있으시나이까.

스승님께서 이렇게 진정으로 매정하신 분일 줄이야 처음 알았습니다. 정말 믿어지지 않고 세상에 이럴 수가 있는 것인지 원통할 따름입니다.

참으로 믿어지지 않는 비보에 황망한 마음 금할 수 없었는데, 다시 선생님의 영전에 서니, 눈물만 앞을 가릴 뿐입니다.

재야출신의 교수로서, 이 땅의 사회정의 실현을 제1의 덕목으로 삼아온 대표적인 진보성향의 경제학자요, 외환위기를 슬기롭게 극복하고, 중앙은행의 위상을 굳건히 하신 한국은행 총재, 그리고 작고하시기 전까지 공적자금관리위원회 민간위원장의 직을 수행하셨습니다.

그러나 저희 제자들은 스승님께서 생전에 역임하신 이러한 사회적인 직책, 직위보다도 '사람이 어떻게 이 세상을 살아가야 되는지를, 말보다도 몸소 행동으로 가르쳐주신' 참스승으로 기억하고 있습니다.

분명 스승님은 맑은 선비이셨나이다. 또 원칙을 중시하는, 성품이 올곧고 강직한 학자이셨습니다. 그리하여 어려웠던 시절에는, 교수시국선언을 주도하고 갖은 고초를 자초하여 겪으시면서도 의지를 꺾지 않으시던 분이셨으며, 불의에 맞서는 학생들에게 올바른 삶을 살아가도록 용기를 주시던 분이셨습니다.

참으로 스승께옵서 이 세상에 허다한 지식인이 아닌, 이 시대에 보기 드문 위대한 지성인이셨습니다. 또 선생님은 청빈한 삶을 사시던 분이셨습니다. 아직도 자택에는 책밖에 없습니다. 여러 차례의 집안 대소사를 통하여 저희 제자들에게 사도를 실천하시며 청빈한 삶의 본보기를 보여 주셨습니다.

선생님께서는 사회·경제적 약자, 자신보다 못한 자에 대한 배려를 말씀만이 아니라 당신의 생활 속에서 몸소 실천하셨으며, 행동으로 우리들에게 가르침을 주셨습니다.

또 저희 제자들에게 스스로 부끄러운 행동을 하지 말라고 늘 당부하시면서, 정직하지 못한 행동을 결코 용납하지 않으셨습니다.

그리고 항상 겉으론 엄한 분이셨지만, 안으론 소탈하고 따뜻한 마음을 나누어 주시던 분이셨습니다. 경제적으로 어려운 학생들에게 따뜻한 격려는 물론이고, 장학금이 우선 지급되도록 애쓰시던 분이셨습니다. 명절 때 뭘 들고 인사를 가면, 또 스승님께선 결코 빈손으로 보내시지 않으려고 무엇이라도 챙겨 주시던 분이셨습니다.

님이시여!

당신께서는 우리나라 국가경제에는 뚜렷한 족적을 남기시고 저희에게 큰 가르침을 주시고 가셨나이다. 이를 어찌 잊으오리까. 저희들이 무슨 말로 님께서 살아오신 길을 다 형언할 수 있겠나이까. 아직도 하실 일이 많이 남아 있는데 꼭 이렇게 홀연히 떠나셔야 하셨습니까. 이제 안타까움과 비통함을 차마 가시는 이 마당에 어찌 아뢰겠나이까.

무릇 생자필멸 회자정리가 이 세상의 모든 사람이 한 번은 겪어야 할 인생의 도리인 것을 알기에, 이제 스승님을 저희들의 곁에서 편히 떠나보내 드리고자 하나이다.

님께서 남기신 일들은 이제 저희들이 이어받겠습니다. 언젠가 저희들이 스승님을 다시 뵈올 때, 선생님의 가르침대로 살려고 노력했다는 말씀을 드릴 수 있도록, 저희들을 지켜봐 주십시오.

  스승님, 전철환 선생이시여!

  부디 이승에서 이루시려 했던 모든 노력과 무거운 짐을 이제 내려놓으시고 영면에 드시기를 삼가 바라나이다.

  편히 잠드시옵소서.

(2004. 6. 20)

3. '서민 위한 경제' 애쓰던 모습 선합니다

윤석범(연세대 명예교수)

故 전철환 형 영전에

잿빛 구름이 무겁게 가라앉은 새벽, 전 형은 우리늘을 유월의 신록 속에 남겨두고 홀연히 떠났습니다. 내가 전 형을 알게 된지 40여 성상, 내게 남아 있는 전 형의 모습은 맑고 아름답기만 합니다.

우선 나는 원칙에 충실한 전 형의 생활을 본받으려고 애썼습니다. 1960년대 초 독재정권의 서슬이 시퍼렇던 시절, 이른바 청맥회 사건 때문에 끌려 다니며 고초를 겪다가 고문 끝에 앞니가 부러져 새 의치를 끼고 나를 만났을 때, 전 형은 특유의 너털웃음으로 "나라 덕분에 뻐드렁니를 고쳤구먼" 하면서 고초의 후유증을 내색도 하지 않았습니다. 그 일로 전 형은 공무원 생활에서 본연의 모습인 학자로 변신하게 되었습니다.

조그마한 물질적 이익 때문에 가지고 있지도 않은 원칙과 정의를 버리는 오늘날의 염량세태 속에서 전 형은 자신의 모든 것을 걸고 여기에 도전하는 삶을 살았습니다. 속진을 떠나서 죽림에 묻혀 후학을 훈도하면서 전 형은 이 신념을 더욱 굳혀 나가는 삶을 꾸려 나가고 있었습니다.

전 형은 따뜻한 마음과 차가운 머리를 가졌던 경제학자였습니다. 1990

년대 말 우리가 외환위기에 처해 있을 때, 전 형은 그 책임을 누구보다도 우리나라 경제학자들이 끌어안아야 한다고 주장한 유일한 경제학자였습니다.

환란을 미리 진단하지 못한 학계의 책임을 차가운 머리로 따지고, 이로 말미암아 헤아릴 수 없는 고통 가운데서 무너져 가는 민생을 따뜻한 마음으로 보살피는 것이 경제학계의 임무라고 전 형은 강력하게 외쳤습니다.

전 형은 우리나라 금융계를 정치적 회오리바람 속에서 지키려고 애쓴 선각자였습니다. 중앙은행이 독립성과 중립성을 보장받을 때, 나라경제가 안정되고 통화가치가 유지된다는 것을 누구보다도 잘 알고 있던 전 형은 이 소신을 지키려고 고군분투했습니다.

이제 전 형이 우리 곁을 떠나고 나니 그 빈자리가 너무나 크게 느껴집니다. 우리는 지금 그를 잃은 깊은 그림자 속에 남겨졌습니다. 녹두장군의 늠름한 기상과 뜻을 핏속에 받은 전 형은 짧으나마 한 삶을 별처럼 살다가 떠났습니다.

전 형이 생전에 즐겨 쓰던 '족탈불급(足脫不及)'의 그의 삶에서 우리 남아 있는 부족한 벗들은 '째어버리지' 않도록 애쓰는 것이 남은 자의 도리라고 믿습니다. 전 형의 영전에 삼가 분향 재배하면서 명복을 빕니다.

(2004. 6. 18)

4. 전철환 前 한은 총재를 떠나보내며

강형문(한국은행 후배 금융연수원장)

참으로 믿어지지 않는 비보를 접하였습니다.

외환위기 직후 어렵고 힘들었던 시기에 경제회복의 기틀을 마련하고 중앙은행의 독립적인 통화정책 수행 기반을 확고히 다지신 전철환 전 한은 총재님을 다시는 뵐 수 없게 되었습니다.

총재님은 우리나라 경제개발 초기에 경제기획원에서 경제정책의 일익을 맡으셨고 그뒤로 충남대에서 후학들을 키우셨습니다. 1980년대 중반부터는 한은 금통위원으로서 통화신용정책 수립에 몸소 참여하셨고, 우리 경제가 가장 어려웠던 외환위기 직후에 한은 총재를 역임하시면서 국가 경제에 뚜렷한 족적을 남기셨습니다.

경제계에서 신망이 높은 경제학자로서, 정책결정자로서 시대적 소명의식을 갖고 혼신의 힘을 기울이시던 총재님이, 그리고 앞으로도 국가 원로로서 우리 경제가 나아가야 할 방향을 제시해 주셔야 할 분이 이렇게 홀연히 떠나시게 되니 허망하기 그지없습니다.

돌이켜보건대 총재님은 경제 이론이나 이를 정책에 접목하는 데만 탁월한 능력을 보여 주신 게 아닙니다. 사회학, 역사, 철학과 수학 등에 이르기까지 폭넓은 식견으로 후배들에게 가르침을 주셨습니다. 이제 그 많은 가르침을 후배들은 누구에게서 배워야 합니까?

또한 총재님은 한결같은 성실함과 강직함 그리고 소탈함을 겸비하셨고 일에는 원칙을 강조하셨습니다. 지금도 한은 총재시절 총재님이 원칙을 지키시기 위해 뚝심으로 지켜내신 외환은행 출자문제와 정부 국채인수 건은 잊을 수가 없습니다. 이렇게 후배들의 정신적 지주로 서 계시던 분이, 그리고 저에게는 항상 중심을 잡아주시는 '맏형' 같은 분이 떠나시고 나니 참으로 망연합니다.

이제 총재님이 생전에 한국경제 발전을 위해서 온 힘을 쏟으시다 못다 하신 일은 남아 있는 우리 후배들 몫입니다. 저희들은 총재님의 뜻을 이어받아 우리나라 경제가 한 단계 뛰어오르도록 이전보다 더 애쓸 것입니다.

전철환 총재님, 총재님을 떠나보내려니 가슴이 미어집니다만, 모든 일을 뒤에 남은 우리들에게 맡기시고 이제 영면에 드시기를 삼가 바라옵니다. 또한 가슴이 아프실 유족들께서는 아무쪼록 고인이 평소에 모든 면에서 꿋꿋이 생활하시던 존경스러운 모습을 떠올리며 열심히 살아가시길 바랍니다.

(2004. 6. 18)

5. 영전에 바치는 불초 제자의 편지

박 경(목원대학교 디지털경제학과 교수)

전 교수님! 교수님의 비보를 국제전화를 통해 들었습니다. 워낙 갑작스러운 일이라 놀라고 떨리는 가슴을 가라앉힐 수가 없습니다. 주변에 알리시지 않아 병원에 입원하셨다는 것도 몰랐는데, 갑자기 유명을 달리하셨다니 이게 웬 말입니까. 심장이 다소 약하시기는 하나, 입원 전까지도 집필과 강의로 평상처럼 활동하셔서 이렇게 갑자기 돌아가실 줄은 차마 몰랐습니다. 사람 일이 다 마음대로 되는 것이 아니라고 하더라도, 멀리 있어 병원 한 번 찾아가 뵙지 못한 제자의 마음은 너무나도 안타깝습니다.

제가 석사과정 초년 시절, 교수님 방에 조교로 일하면서 처음 모시기 시작했던 것이 벌써 25년 전의 일입니다. 유명을 달리하셨다는 말을 들으니, 그동안의 일이 주마간산처럼 눈앞을 지나갑니다. 수십 년 된 낡은 책가방을 들고 다니시던 모습, 신군부의 탄압으로 끌려가서 고생하셨던 일, 다산 경제학상을 받으셨을 때 즐거워하시던 모습, 그리고 한은 총재로 가셨던 일 등, 교수님을 생각하면 저희 제자들은 한은 총재보다는 스승의 모습이 더 떠오릅니다. 총재직에 계실 때도 찾아뵈면 편한대로 교수님이라고 부르라고 소탈하게 대하셨고, 퇴임 뒤에도 前 한은 총재보다도 명예교수란 호칭을 더 자랑스럽게 생각하셨습니다.

IMF 외환위기 이후 한은 총재 임기의 첫 해를 보내시면서 고민하시던 모습이 떠오릅니다. 그때 교수님은 제자들에게 "나는 교수였던 것에 만족하네. 언제든지 물러날 자신이 있네"라고 말씀하면서 정부의 통화증발 압력에도 소신을 굽히지 않으셨습니다. 그 덕분에 퇴임 뒤에도 역대 한은 총재 가운데 한은 독립을 이룩한 가장 칭송받는 총재로, 또 골프 한 번 치지 않은 소탈하고 청렴한 공직자의 표상으로 존경을 받으셨습니다.

많은 사람들이 한은 총재로서 외환위기 극복에 앞장서신 교수님의 업적을 기리며 안타까워하고 있습니다. 외환위기 극복의 주역으로서 교수님의 업적도 크지만, 저희 제자들은 『사회정의와 경제의 논리』, 『한국경제론』 등 많은 저작과 논설로 민족경제와 민주화를 주창한 우리시대의 진보적 지식인이자 학자로 전철환 교수님을 더 기억합니다. 그리고 무엇보다도 따뜻한 스승으로 기억합니다. 평소에 "나는 제자를 기르는 것이 결코 자녀를 두고 책을 남기는 것에 뒤지지 않는 즐거움이라고 믿는다" 하시면서 제자들을 보살펴 주셨습니다.

교수님은 저서, 논문, 칼럼 등 참 많은 글을 쓰셨습니다. 그러나 "나는 성공하기 위해서 책을 쓰지 않는다. 저작은 그저 외롭고 고달픈 학자의 길을 선택한 의무이기 때문이다"고 하시면서 고독하고 힘겨운 글쓰기를 계속해 오셨습니다. 아마 한은 총재가 되고서도 직접 밤새 책을 읽고 정기적으로 신문에 서평을 쓰신 분은 교수님이 처음이 아닌가 싶습니다. 교수님은 "다행히 내 글을 읽어 주는 분이 있고, 또 훗날 다른 연구자들이 참고문헌으로 인용해 준다면 그것은 덤의 기쁨일 뿐이다"(『경제학자를 울린 농부의 편지』, 전철환 지음)고 겸손해 하셨습니다만, 이미 교수님은 그보다도 한국 경제학사에 더 큰 족적을 남기셨고, 또 그렇게 기록될 것입니다.

그러나 교수님! 교수님이 가시고 난 뒤 교수님을 큰 고목나무 같이 의지하던 저희들은 이제 어째야 좋은지요. 소주 한잔을 놓고 토론을 즐기시는 소탈하신 그 모습을 더 이상 뵐 수 없다니 안타깝고 애통합니다. 더구나 먼 남반부 호주 땅에 있는 이 못난 제자는 마지막 가시는 길도 배웅해 드리지 못하고 있습니다. 이 죄를 어떻게 용서받을 수 있겠습니까.

이제 먼 이국땅에서나마 이 어리석은 제자가 교수님의 영전에 고개 숙이며 교수님의 유지를 다시 한 번 새겨 봅니다. 앞으로 저희가 어떻게 교수님께서 남긴 철학과 유지를 감당할 수 있을지 걱정스럽습니다만, 이런 것들은 저희들에게 맡겨두시고 부디 평안히 영면하십시오.

(『대전일보』 2004. 6. 21)

6. 전철환 교수를 애도하며

박영호(한신대학교 경제학과 교수)

　전철환 교수가 세상을 떠난 지 벌써 5개월이 지났다. 사정이 있어 이제야 애도의 글을 싣게 된 것에 대해 고인을 사랑했던 사람들에게 이해를 구하면서 고인과 보낸 지난날들을 떠올리고자 한다.

　내가 전철환 교수를 처음 만난 것은 지금부터 꼭 40년 전이다. 당시 나는 효자동에서 가정교사를 하다가 그 집에 놀러온 경제기획원 김장현 사무관과 형님아우 사이가 됐고 그뒤 자연스럽게 그의 사무실을 방문하게 됐는데 그곳에서 소개받은 사람이 전철환 사무관이었다. 얼마나 친화력이 있고 소탈한지 금방 친해졌는데 우리가 고등학교 선후배 사이라는 것을 알고는 더 가까워졌다. 당시 우리는 하루가 멀다 하고 항상 함께 어울려서 막걸리를 마시고 밤을 새워 토론을 하면서 정이 들었고 마침내 동지적 연대감까지 갖게 됐다. 그 당시 우리들이 함께 토론하며 발전시킨 내용들을 이론적으로 정리해서 체계화한 것이 바로 박현채 형님의 민족경제론이라고 해도 과언이 아닐 것이다. 또한 현채 형님, 장현이 형님, 철환이 형님이 학문의 길로 떠나게 만든 계기가 되기도 했다.

　독일로 유학을 떠나기 직전, 환송회를 겸한 식사를 하면서 당부의 말씀을 하시던 형님들의 모습이 아직도 기억에 생생하다. 더구나 잊지 못할 것은 바로 그 다음 주에 유신독재체제를 구축하기 위해 조작된 제2차 동백림사건에 장현이 형님과 철환이 형님이 무고하게 연루되는 바람에 제대로 인사도 못 드리고 혹시 나도 잡혀가지 않을까 하는 두려움에 떨면서 공항을 빠져 나갔던 일이다. 아마 그 사건에 연루되어 고문을 받은 것이 철환이 형님의 심장에 결정적인 손상을 준 것이 아닌가 싶다.

전철환 교수는 1960년대 제1차 경제개발 5개년계획부터 1970년대 제3차 경제개발 5개년계획까지 이 나라 경제개발계획수립에서 중추적인 일을 맡았고, IMF 환란 이후에는 한국은행 총재직을 맡아서 금융정책의 총책임자로서 맡은 바 일을 훌륭하게 완수해 냈다.

이 나라 역사에서 민족경제론자가 한국은행 총재가 된 것은 전철환 교수가 처음이다. 1980년대 한국경제의 외채위기를 걱정하고 있을 때 그 대안을 고민했던 그는 한국은행 총재가 되자 외환보유고를 1천억 달러 이상으로 끌어올렸다. 그 무렵 자리를 함께 했을 때 "이 정도면 걱정하지 않아도 되겠지?"라고 묻던 모습이 아직도 눈에 선하다. 내게는 그것이 한 맺힌 외채경제의 굴레를 벗어나 보고자 했던 평소의 민족경세론적 견해를 실천한 것이란 생각이 든다. 한국은행 총재로 바쁘신 일정 속에서도 한사연의 2001년 학술심포지엄에서 "정보기술 발전이 고용에 미치는 영향"이라는 제목으로 기조연설을 맡아주셨을 뿐 아니라 물질적인 지원도 아끼지 않으시던 전철환 교수의 한결같은 동지적 헌신을 우리는 잊을 수가 없다.

인생이 원래 허망하고 무상한 줄은 알고 있었지만 박현채 교수와 함께 독일 아우토반을 시속 2백20km로 달리던 때가 엊그제 같은데, 평소 호탕하던 모습과 달리 긴장한 얼굴로 "동생 1백80km도 괜찮아" 했던 그 목소리가 아직도 귓가에 살아 있는데, 이제 그는 거짓말처럼 유명을 달리하고 말았다. 공적자금위원장직을 그만두면 함께 사무실을 마련해 한사연의 거처도 만들고 연구도 같이 하자던 그 믿음직한 약속도 이제는 물거품이 되고 말았다.

철환이 형님!

한은 총재직이라는 중책에서 벗어나신 뒤 잠시라도 쉬시도록 했어야
했는데 대학강의를 맡아달라고 부탁드린 것이 불찰이었던 것 같습니다.
형님이 너무 행복해 하시기에 그런 우를 범하고 말았습니다. 몸이 안 좋
은데도 강의 때문에 종강 때까지 수술을 늦추셨다는 말씀을 형님이 가신
뒤에 듣고 제 가슴이 미어졌습니다.

형님, 저의 불찰을 용서하시고 저 세상에 계시더라도 저희에게 사랑과
지혜를 주십시오.

(『동향과 전망』 62호 2004. 10. 31)

7. 기타 언론보도

사망보도

1. 故 전철환 前 한은 총재 누구인가

고 전철환 전 한국은행 총재는 DJ정부시절 금융정책을 총괄하면서 우리나라가 IMF체제를 조기 졸업하는 데 큰 구실을 맡았다.

전 前총재는 지난 1998년 통화정책 최고의사결정기구인 금융통화위원회 의장을 한은 총재가 맡도록 명시한 개정 한국은행법이 적용된 뒤로 첫 총재로 취임했다. 그는 한은이 실질적인 금리정책을 펼 수 있게 된 법적인 토대 위에서 한은의 통화정책 독립성 확보에 크게 이바지했다는 평을 듣는다. 아울러 취임 초기 연 20퍼센트가 넘었던 콜금리를 재임기간 중 단계적으로 연 4퍼센트대까지 낮춤으로써 국내 경제회복의 기틀을 마련했다.

총재 재임시 비서실장을 맡았던 김학렬 한은 국제협력실장은 "이 같은 저금리 정책을 통해 우리나라의 외환보유고를 급속히 늘리면서 총재 재임기간 중 IMF로부터 빌린 돈을 조기 상환해 경제주권을 회복하는 토대를 마련했다"고 평가했다. 특히 정부부처의 외압도 본인이 직접 나서 차단함으로써 중앙은행의 독립성 제고에도 크게 이바지했다. 실제로 IMF 당시 외환은행 구조조정을 위해 정부가 한은이 발권력을 동원해 외환은행에 출자해 줄 것을 요구했으나 중앙은행이 영리법인에 대해 출자할 수 없도록 한 한은법 조항을 들어 이 같은 외압을 차단한 일은 지금도 한은 안팎에서 회자된다.

또 총재 재임시절 한국의 채권시장을 아시아권에서 일본에 이어 두 번째 규모로 성장시키는 데 이바지한 점도 큰 공로로 인정된다.

그는 교수시절 '경제정의실천시민연합' 활동에 주도적으로 참여했던 진보적 경제학자로 전국을 돌며 서민금융의 산실인 신용협동조합운동을 전파했던 '골수 신협맨'으로도 유명했다. 김대중 전 대통령과도 각별한 사이로 김 대통령의 경제철학을 담은 『대중경제론』 집필에도 크게 이바지했다.

그는 검소한 생활태도와 강직하면서 소탈한 성품으로 주변의 존경을 받았다. 특히 골프를 치지 않고 등산을 즐겼던 그는 프라이드 승용차를 고집하는 소박한 일상생활로 귀감이 됐다.

유족으로는 부인 이경자 씨(62·충남대 국문과 교수)와 종은(35·서울대 분당병원 전임의), 종익(33·헌법재판소 연구관) 씨 등 2남이 있다.

(『매일경제』 2004. 6. 18)

2. '원칙, 일관성 지킨 우직한 선비'

17일 별세한 전철환 전 한국은행 총재는 '선비'였다. 22년간 지방(충남대 교수)에서 꾸준히 후진양성에 힘썼고 한은 총재에서 물러난 뒤에도 자리에 욕심을 내지 않았다. 일 처리에서도 항상 우직한 선비의 뚝심을 보여줬다는 게 지인들의 회고다.

지난 2002년 3월, 4년의 임기를 마치고 퇴임하는 자리에서도 이 같은 모습은 그대로 드러났다. "어려울 때 들어와서 좋을 때 나가니 나는 정말 복 받은 사람입니다"라고 겸손해한 전 前총재의 퇴임사는, 한은 임직원들의 기억에 오래 남았다.

전 前총재가 처음부터 안팎의 존경을 받았던 것은 아니다. 22년간 지방에서만 지내서인지 처음엔 투박하다는 평도 들었다. 그러나 그의 장점인 우직함은 곧 빛을 발했다. 구조조정의 어려운 시기에 정부의 국채 인수나 외환은행 출자요청을 거부해 원칙과 일관성을 지켜낸 것도 이 같은 우직함에서 비롯됐다.

유족으로는 부인인 이경자 충남대 국문과 교수(62)와 종은(35·서울대 분당병원 전임의), 종익(33·헌법재판소 연구관) 씨 등 2남이 있다.

빈소는 서울대병원이며 발인은 20일 오전 7시, 장지는 전북 익산 선영이다.

(『한국경제신문』 2004. 6. 18)

3. 외환위기 극복에 역할 … 진보적 경제학자

전철환 전 한국은행 총재가 17일 밤 지병으로 별세했다. 향년 65세.

고인은 전북 익산 출신으로 전주고와 서울대 상대를 졸업한 뒤 고시행정과(12회), 충남대 교수를 거쳐 '국민의 정부' 출범 직후인 1998년 3월부터 2002년 3월까지 한은 총재를 역임했다.

저서로는 『사회정의와 경제의 논리』, 『한국경제론』과 『솔뫼(전 前총재의 호) 경제수상 모음』 등이 있다.

한국경제발전학회 회장을 지내며 평소 사회정의를 강조하는 진보성향의 경제학자로 꼽혔던 그는, 김대중 대통령이 한은 총재로 임명하기 전까지만 해도 충남대 교수로 줄곧 지방에서 경제이론을 가르쳐 중앙무대에는 별로 알려지지 않았다.

한은 설립 뒤 52년 동안 다섯 번째로 4년 임기를 채운 총재로 꼽히는 고인은, 재임 때에도 중고 프라이드 승용차를 손수 몰고 다닐 정도로 서민적이고 소탈한 모습을 보였다.

특히 외환위기 직후 어려운 고비 속에서도 콜금리 인하 정책을 폄으로써 위기를 극복하고 국가신용등급 상향조정으로 이어지는 데 큰 역할을 했다는 평가를 받고 있다.

정부가 외환은행에 출자하고 공적자금 마련을 위해 국채를 인수하라고 요구했을 때 한은의 독립성을 해친다는 이유로 끝까지 거부하는 '강골'의 면모를 보이기도 했다.

국제통화기금(IMF)에서 빌린 돈을 마지막으로 상환할 때 '경제 주권'을 되찾은 의미에서 국산 펜을 준비해 서명하고 이를 박물관에 보관하도록 한 일화도 있다.

한은 총재 퇴임 뒤에는 공적자금관리위원회 민간위원장을 맡아 공적자금 회수와 은행 민영화 등에 힘써 왔다.

유족으로는 부인 이경자 교수(충남대 국문학과)와 아들 종은(서울대병원 전임의), 종익(헌법재판소 연구관) 씨가 있다.

빈소는 서울대병원, 발인은 20일 오전 7시. 장지는 전북 익산 선영.

(『중앙일보』 2004. 6. 18)

4. 전철환 공자금관리위장 별세

"전화가 걸려오면 입원했다고 하지 말고 해외 출장 갔다고 하라."

허리가 좋지 않아 병원을 찾았다가 심혈관 수술을 받은 지 열흘 만에 세상을 떠난 전철환(全哲煥) 전 한국은행 총재. '선비'로 불렸던 그가 17일 밤 서울대병원에서 숨을 거뒀다. 향년 65세.

지난해 공적자금관리위원장을 맡은 이후 바쁘게 보내던 중, 평소 좋지 않던 허리가 다시 도져 서울대병원에 입원했다가 심혈관 쪽에 이상이 있다는 진단이 나와 8일 수술을 받았다.

충남대 교수로 지내다 한은 총재에 발탁된 것은 외환위기 직후인 1998년 3월. 당시 보수적인 한은 조직에 성과평가제라는 개혁을 들고 나왔음에도 불구하고 직원들로부터 조순 전 총재와 더불어 '가장 존경하고픈 역대 총재'로 뽑혔다. 당시 함께 근무했던 남궁훈 금융통화위원은 "추기경 수준의 높은 모럴리티(도덕성)로 임직원의 존경을 한 몸에 받았다"고 전했다.

한때 24퍼센트까지 치솟았던 살인적인 콜금리를 4퍼센트로 떨어뜨렸고, 1백85억 달러에 불과하던 외환보유액도 1천60억 달러로 불려 놓았다. 우리나라가 국제통화기금(IMF)에서 빌린 돈을 모두 갚던 역사적 순간에 상환 서명을 했고, 52년 한은 역사를 통틀어 임기를 온전히 마친 다섯 번째 총재라는 기록을 세운 것도 그였다.

IMF 차입금 상환 서명식 때 일부러 '국산' 만년필을 준비시킨 것이나, 대학 제자들이 준비한 기념문집 발간을 한사코 총재직 퇴임 뒤로 미룬 일, 지방강연 때마다 고속도로 휴게소에서 국밥 한 그릇 후루룩 말아먹곤 했던 일 등은 강직하고 소탈한 면모를 보여 주는 일화로 회자된다. 사적인 모임에 '프라이드'를 손수 몰고 다닐 정도로 공사가 분명했다.

윤한근 한은 정책기획국장은 "겉과 속이 한결같아 시간이 지날수록 깊은 맛이 나는 뚝배기 같은 분이었다"며 안타까워했다.

전북 익산 출신으로 전주고와 서울대 경제학과를 나왔고, 1960년 고시행정과(12회)에 합격했다. 유족으로는 충남대 국문과 교수인 부인 이경자(62) 씨와 2남. 큰아들 종은(35) 씨는 서울대 분당병원 전임의, 작은아들인 종익(33) 씨는 헌법재판소 연구관으로 있다.

발인은 20일 오전 7시, 장지는 전북 익산 선영이다.

(『서울신문』 2004. 6. 18)

5. 〔떠나고 남기고〕 타계한 전철환 씨 — 재야 진보학자 출신 첫 한은 총재

18일 타계한 전철환 전 한국은행 총재는 우리나라의 대표적인 진보적 경세학자였다. 4·19 세대로서 개발연대를 주도했던 경제기획원 공무원(고등고시 12회)으로 출발해 진보성향의 재야 경제학자로 변신했으며, 결국 중앙은행 수장까지 오른 이색적인 경력의 소유자이기도 하다.

1998년 DJ정부에서 그가 한은 총재로 전격 발탁됐을 때 관가와 경제학계에선 의외의 인사로 받아들였다. 귀족적이고 보수적이며 안정성향이 짙은 한은 총재에 재야출신 지방대(충남대) 교수가 임명된 것 자체가 커다란 충격일 수밖에 없었다.

그러나 고인이 충남대 교수시절 쓴 글과 논문들은 대학가의 '필독서'였다. 성장논리가 지배했던 시절부터 그는 분배정의의 중요성을 강조했고 1980년대엔 대학교수 민주화 시국선언에 동참하기도 했다.

그뒤 경실련 활동에 참여하면서, 경제의 민주화와 구조개혁에 앞장서는 '행동하는 지식인'의 모습을 보였다. "성장과 분배는 별개가 아니다. 자원분배가 왜곡되면 사회갈등이 커져 결국 성장동력이 떨어진다. 그러나 일하지 않는 사람까지 똑같이 나눠주는 게 분배는 아니며 분배정의는 성실한 노동이 전제되어야 한다"는 게 그의 지론이었다.

재야 학자 출신답게 성품은 진술하고 소탈했다. 한은 총재시절에도 휴일엔 관용차와 운전기사를 마다한 채 소형차를 손수 운전했으며, '통화정책' 이외의 주제를 놓고 소주잔을 기울이며 토론을 즐겼다.

환란 직후 한은 총재를 맡은 그는 단계적 저금리정책을 통한 경제활성화에 앞장서며 환란 극복에 힘을 보탰다. 1998년 한은의 독자적 위상이 법제화한 뒤로 '독립 한은'의 초대 총재로서 조직을 개편하고 역할도 성공적으로 재정립했다는 평가를 받고 있다.

한은 총재 퇴임 뒤에는 공적자금관리위원장을 맡았고 최근까지도 활발한 집필활동을 해 왔기 때문에 그의 갑작스런 타계는 지인들을 더욱 안타깝게 하고 있다.

(『한국일보』 2004. 6. 18)

6. 전철환 前 한국은행 총재 별세

전철환 전 한국은행 총재가 17일 밤 서울대병원에서 숙환으로 별세했다. 향년 65세.

전 前총재는 전주고와 서울대 상대 경제학과를 졸업하고 1960년 고시 행정과(12회)에 합격, 1963년부터 경제기획원과 교통부 등에서 근무했으며 1976년부터 충남대에서 교수로 활동했다. 노동경제학을 전공한 그는 1968년 영국 맨체스터대 대학원을 졸업하고 1997년에는 미국 뉴저지 럿거스대 초빙교수를 지내기도 했다.

그는 백범 김구 선생의 휘호 '노동신성'을 집안에 걸어놓기도 했으며 국내 신협운동에 깊이 관여했다. 충남대 교수로 재직하던 가운데 1998년 3월 김대중 대통령 정부의 출범과 함께 한은 총재에 임명됐다.

4년 동안 중앙은행 총재로 재직하면서 외환위기 수습에 일익을 담당했고 퇴임한 뒤 한은 고문으로 활동하면서 지난해부터는 공적자금관리위원회 위원장으로 활동해 왔다.

한은 총재 재직 중에는 당시 정부가 한국은행의 발권력을 동원, 공적자금을 투입할 것을 요청했으나 이를 거부하고 "시장에서 국채를 발행해야 한다"는 견해를 관철시켰으며 이로 인해 국채시장이 활성화되는 계기를 마련했다는 평가를 받았다.

한은의 이성태 부총재는 "소탈하고 주관이 뚜렷했던 고인은 한은 총재에 임명될 당시 소유하고 있던 차량이 소형차 프라이드였으며, 재임 중에는 조직의 장으로서 직원들의 사기를 북돋우면서 부하직원들에게는 '골프를 얼마든지 즐겨라'고 권했으나 자신은 서민과 호흡을 강조하면서 단 한 번도 골프를 치지 않았던 일화가 있다"고 소개했다.

전 前총재는 한은 총재 퇴임 뒤에는 언론매체에 많은 기고를 하면서 경제정책에 관해 조언을 아끼지 않았다.

고인은 동학운동의 지도자인 전봉준 장군의 방계 후손으로 조부가 동학의 접주를 지낸 것으로 알려져 있다.

고인은 강경식 전 부총리 겸 재정경제원 장관, 이규성 전 재정경제부 장관 등과 고시동기로 함께 공직생활을 시작했다.

유족으로는 부인인 이경자(62·충남대 국문과 교수) 여사와 종은(35·서울대 분당병원 전임의) 씨, 종익(33·헌법재판소 연구관) 씨 등 2남이 있다.

빈소는 서울대병원이며 발인은 20일 오전 7시, 장지는 전북 익산 선영이다.

(『연합뉴스』 2004. 6. 18)

7. 〔부음〕 전철환 前 한은 총재

전철환 전 한국은행 총재가 18일 0시5분 서울대병원에서 지병으로 별세했다. 향년 65세.

전 前총재는 전주고와 서울대 상대 경제학과를 졸업하고 1960년 고시 행정과 (12회)에 합격, 1963년부터 경제기획원과 교통부 등에서 근무했으며 1976년부터 충남대에서 교수로 활동했다.

외환위기 발발 뒤인 1998년 3월 한은 총재에 임명돼 재직 4년 동안 중앙은행 총재로서 외환위기 수습에 일익을 맡았다. 퇴임 뒤엔 한은 고문으로 활동하면서 지난해부터는 공적자금관리위원회 위원장을 맡아 왔다.

전 前총재는 한은 총재로 있으면서 정부가 한국은행의 발권력을 동원, 공적자 금을 투입할 것을 요청했으나 거부하고, "시장에서 국채를 발행해야 한다"는 생 각을 관철시켜 국채시장 활성화의 계기를 마련했다는 평가를 받았다.

유족으로는 부인 이경자(62·충남대 국문과 교수) 씨와 종은(35·서울대 분당 병원 전임의) 씨, 종익(33·헌법재판소 연구관) 씨 등 2남이 있다. 발인은 20일 오 전 7시, 장지는 전북 익산 선영이며 영안실은 서울대병원이다.

(『세계일보』 2004. 6. 18)

8. 전철환 前 한은 총재 빈소에 조문 줄이어

18일 한국 경제의 큰 별이 졌다. 우리나라의 대표적인 진보 경제학자이자 외 환위기 극복의 주역이었던 전철환 전 한국은행 총재가 이날 오전 0시 5분 숙환 으로 타계했다. 향년 65세.

유족들과 친지들은 고인의 갑작스러운 타계에 당혹해 하는 분위기다. 유족들 에 따르면 허리가 좋지 않았던 고인은 허리 수술을 받기 위해 병원을 찾았다가 심장이 좋지 않아 심장수술을 받았지만 끝내 회복하지 못했다. 고인의 초등학교 동창들은 "인명은 재천이지"라면서도 "2주전에도 통화해서 수술 받고 보자고 했 었는데……"라며 아쉬워했다.

전 前총재는 우리나라가 IMF(국제통화기금)에서 빌린 돈을 모두 갚던 역사적 순간에 상환서명을 한 주인공이자 52년 한은 역사를 통틀어 임기 4년을 온전히 마친 다섯 번째 총재다.

그는 오래전에 타계한 박현채 선생과 더불어 민족경제론을 주장한 대표적 진 보 경제학자로 꼽힌다. 전주고와 서울대 상대 경제학과를 졸업하고 1960년 고시 행정과(12회)에 합격, 1963년부터 경제기획원과 교통부 등에서 근무했으며 1976 년부터 충남대에서 교수로 재직했다.

그는 백범 김구 선생의 휘호 '노동신성'을 집안에 걸어놓기도 했으며 국내 신협운동에도 깊이 관여했다. 충남대 교수로 재직하던 중 1998년 3월 김대중 정부의 출범과 함께 한은 총재에 임명됐다.

그는 취임 뒤 해를 거듭할수록 탄탄한 실무경험을 축적하면서 중앙은행 총재직을 훌륭하게 수행했으며, 우리 경제가 외환위기 후 어두운 터널을 지나는 동안 금리인하 등 적극적인 통화정책을 펼쳤으며, 각국 중앙은행 총재들과 가진 두터운 친분으로 활발한 금융·경제외교를 펼쳤다.

그의 취임 첫 해인 1998년 성장률은 마이너스 6.7퍼센트였지만 1999년 이후 2001년까지 저마다 10.9퍼센트, 9.3퍼센트, 3.0퍼센트의 성장률을 기록, 3개년 평균 7.7퍼센트의 성장을 이뤘고 물가는 1998년 7.5퍼센트에서 이후 3년간 평균 2.4퍼센트로 낮아졌다.

그는 퇴임하던 날 기자들에게 "어려울 때 들어와 좋을 때 나가 기분이 좋다. 나는 정말 복받은 사람이다"며 "한은 총재가 된 것만 해도 더할 수 없는 영광인데 임기를 다 채웠고, 경제가 어느 정도 안정된 상황에서 퇴임을 하게 돼 더 이상 바랄게 없다"고 말하기도 했다.

고인은 한은 총재 퇴임 뒤에는 공적자금관리위원회 위원장을 맡으면서 집필활동에도 주력해 왔다.

고인을 기억하는 이들은 이구동성으로 소탈함과 검소함에 찬사를 보낸다. 한은 총재 시절에는 취임 전 타던 프라이드 승용차를 집에서 손수 몰고 다닐 정도였다. 대학교 교수 출신이 이만하면 됐다는 것이 그의 생각이었다. 또 재임 중 의사(맏아들)와 헌법재판소 연구관(둘째 아들)인 두 아들을 결혼시켰지만 두 번 모두 임원들에게조차 알리지 않고 극비로 치르기도 했다. 고인의 친구들은 "한은 총재까지 지낼 정도로 높은 자리에 올랐지만 친구들이 찾아오면 집 근처 포장마차에서 소주잔을 기울이는 것을 좋아하는 소탈한 친구였다"고 회고했다.

한편 빈소가 마련된 서울대병원 장례식장에는 사회 각계각층의 조문 행렬이 이어지고 있다. 장례식장 2층 복도에는 장례식 화환이 즐비해 있는 가운데 갑작스러운 고인의 타계 소식을 전해들은 친지들이 잇따라 도착하고 있었다. 또 황영기 우리금융 회장, 장병구 수협은행장 등 금융계 인사들의 조문도 이어졌다.

유족으로는 부인인 이경자(62·충남대 국문과 교수) 여사와 종은(35·서울대 분당병원 전임의) 씨, 종익(33·헌법재판소 연구관) 씨 등 2남이 있다. 빈소는 서울대병원이며 발인은 20일 오전 7시, 장지는 전북 익산 선영이다.

(『머니투데이』 2004. 6. 18)

9. Chief Architect of DJ-Nomics Passes Away

The passing away of former governor of the Bank of Korea (BOK), Chun Chul-hwan, is a great loss to Korea and central bankers around the world, including Federal Reserve Board Chairman, Alan Greenspan.

Chun, chief architect of former president Kim Dae-jung's DJ-Nomics, died from an illness, Thursday night, at the age of 65.

Just as Lim Dong-won was the chief architect of Kim Dae-jung's Sunshine Policy of engagement with North Korea, so Chun was the key player in helping the former president chart his economic policy known as DJ-Nomics, featuring the parallel development of economy and democracy and economic justice without business-politics collusion.

Although Chun had been regarded as one of Korea's key liberal and anti-establishment economists, the former governor took a middle-of-the road path when he was in charge of the central bank at the peak of the currency crisis from 1998 through 2002.

Born in Iksan, North Cholla Province, Chun majored in economics at Seoul National University and passed the state test for the high-ranking government posts. After a brief stay at the government, he volunteered to become a professor of economics at Chungnam University.

In the 1980s, he silently mustered the support of economists to press for a pro-democracy movement.

Few people know that he volunteered to become a professor despite passing the prestigious state-run test for career government officials, as he did not wanted to serve the country under authoritarian leaders.

Until Kim Dae-jung became the head of state in 1997, he was not well known because of his low-key attitude in public life and devotion to teaching his economics students. But when the Government of the People was launched in 1998, he came to be known as a disciple of DJ-Nomics. Similarly, his public life coincided with that of the five-year president and former Nobel Peace Prize winner.

Chun took the helm of the central bank at the peak of the currency crisis, when the call rate ran as high as 20 percent and the sovereign rating was nose-diving to below-investment grade.

He was the governor who signed the repayment of the IMF-led bailout package with a made-in-Korea fountain pen, now kept at the museum of the central bank.

He is one of a few BOK governors who completed the 4-year full term governorship in the 52-year-old history of the central bank. From March, 1998, to March, 2002, he headed the central bank. Inside the BOK, he is still respected for having made a great contribution to promoting the neutrality and independence of the central bank.

As the governor, he rode a second-hand Pride car in private, but reluctantly took the BOK limousine, provided for the governor, in public.

Following his tenure at the central bank, he had been serving as the chairman of the Public Fund Oversight Committee—the semi-government agency in charge of disbursing and collecting taxpayers' money to clean up balance sheets of financial companies exposed to soured loans.

He wrote several books, including the *Logic of Social Justice and Economy, Korean Economy, Collected Essays on Economy* and others.

He once chaired the Korean Development Economics Association for economics professors, and was an advisor to the Citizens' Coalition for Economic Justice.

The bereaved family members are Lee Kyung-ja, his wife and professor of Korean literature at Chungnam University, and their two sons. The funeral ceremony will take place at Seoul National University Hospital, Sunday. He will be buried in his family's burial ground in Iksan.

(『Korea Times』 2004. 6. 18)

10. 전철환 前 한은 총재 별세, 금융산업발전 큰 업적, 무궁화장 추서

전철환 전 한국은행 총재를 떠나보내던 20일 서울대병원 영안실에는 그의 죽음을 슬퍼하는 각계 인사의 애도가 줄을 이었다.

전 前총재는 전주고와 서울대 상대 경제학과를 졸업하고 1960년 고시행정과 (12회)에 합격, 1963년부터 경제기획원과 교통부 등에서 근무했으며 1976년부터 충남대에서 교수로 재직했다.

1998년 3월 김대중 정부 출범과 함께 한은 총재에 임명돼 IMF체제를 조기 졸업시키는 데 큰 역할을 했고, 한은의 통화정책 독립성 확보 등 중앙은행의 위상을 한 단계 끌어 올렸다.

민족경제론을 주장한 대표적 진보 경제학자로 꼽히는 그는 4·19세대로 1960년대 초 군사독재정권 시절엔 수사기관에 끌려가 고문을 당해 이가 부러지는 등 한때 고초를 겪기도 했다.

고인은 동학운동의 지도자인 전봉준 장군의 방계 후손으로 알려져 있다.

성장논리가 지배했던 시절부터 분배정의의 중요성을 역설했지만 일하지 않은 사람까지 똑같이 나눠주는 게 분배는 아니며 분배정의는 성실한 노동이 전제돼야 한다는 지론은 명이론으로 회자되고 있다.

성품이 워낙 소탈하고 주관이 뚜렷했던 고인은 한은 총재 시절에도 휴일엔 관용차와 운전기사를 마다한 채 소형 프라이드를 손수 몰고 다녔고, 부하직원들에게는 "골프를 얼마든지 즐겨라"고 권했으나 자신은 단 한번도 골프를 치지 않았던 일화도 있다.

총재 재직 때 종은(35·서울대 분당병원 전임의) 씨, 종익(33·헌법재판소 연구관) 씨 두 아들을 결혼시키면서도 아예 결혼식 자체를 직원은 물론 남들에게도 알리지 않고 축의금을 일절 받지 않았다.

한편 정부는 고인에게 국가경제와 금융산업 발전에 이바지한 공로를 기려 국민훈장 무궁화장을 추서했다.

(『제일경제신문』 2004. 6. 20)

11. DJ정권 경제정책틀 만든 '대쪽 학자'

18일 새벽 별세한 전철환(全哲煥) 전 한국은행 총재는 1998년 3월 김대중 정부의 첫 한은 총재로 취임한 뒤 경제정책의 이론적 기반을 제시했다는 평가를 받았다.

특히 전 前총재는 김 전대통령과 27년간 인연을 맺어 왔으며 김 전대통령의 경제철학을 담은 『대중경제론』 집필에도 크게 이바지한 것으로 알려졌다.

고인은 고시행정과 12회로 1963년부터 1976년까지 관료 생활을 하다가 영국 맨체스터 대학원에 유학한 뒤 충남대 교수로 20여 년 동안 봉직했다.

1983년 금융통화운영위원으로 한국은행과 인연을 맺은 뒤 줄곧 한은 독립을 지지해왔다. 1988년 한국은행법 파동 때는 금통위원들 가운데 유일하게 재무부에 반대, 한은 편을 들어줬다.

1980년대 이후에 쓴 60여 편의 수상들을 모아서 2002년에 펴낸 출간한 수필집에서는 "(외환)위기에 처한 나라를 구하는 데 이바지하지 못했다는 부끄러움 때문에 학자로서 절필할 생각까지 했다"고 고백하기도 했다.

경제학계에서는 '운동권'으로 분류되는 인물이었다. 1980년대 운동권 대학생들의 필독서였던 『사회정의와 경제의 논리』, 『상황과 인식』(공저) 등의 저술을 냈다.

그는 어린 자녀들에게 신문배달을 시켰을 정도로 '노동'을 중시했다.

좌우명은 가보 1호로 자택 거실에 걸어 놓았던 백범 김구 선생의 친필 문구인 '노동신성'이었다.

서민금융기관인 신협운동에 앞장섰으며 충남대 교수로 있는 부인과 함께 프라이드 자동차를 타는 등 검소한 생활을 했다.

이규성 전 재정경제부 장관과 고시 동기이며, 진념 전 경제부총리와는 기획원에서 함께 근무했다.

(『동아일보』 2004. 6. 18)

12. 전철환 전 한은 총재를 추억하며

온 나라가 외환 위기 수습에 겨를이 없던 1998년 9월. 정부는 부족한 재원 확보를 위해 14조 원이나 되는 국채를 발행하기에 이르렀다. 발행 계획은 세웠지만 이 채권을 누구한테 어떻게 팔아야 할지는 막막한 상태였다. 다급한 김에 정부는 우선 한국은행이 채권을 인수한다는 계획을 마련했다.

하지만 이런 미봉책은 뜻하지 않은 난관에 부딪혔다. 전철환 한국은행 총재가 국채 인수를 거부하고 나선 것이다. 전 총재는 그때 취임한 지 불과 5개월 된 새내기 총재였다. 국채 인수를 거부하는 그의 소신은 역대 그 어느 한은 총재에서도 찾아볼 수 없는 경제 철학에 기초한 것이었다.

전 총재는 정부관계자들에게 "유통 시장을 통해 국채를 발행할 경우 국가의 이자 부담도 훨씬 줄이게 된다"며 한은의 인수가 아닌 유통시장 발행을 강력 권장했다. 마침내 그의 권고대로 정부는 국채를 시장을 통해 발행키로 해 그해 9월 9일 14조 원의 3년 만기 국고채가 연 11.6퍼센트의 낙찰금리로 발행됐다. 우리나라에서 사상 처음으로 채권 시장이 문을 연 순간이기도 했다.

이후 경제 상황 변화에 따라 최고의 우량금융자산으로 변모한 국고채는 현재 4.2~4.3퍼센트대의 금리에 거래되고 있다. 현재 국채 발행 잔액이 1백80조 원에 이르는 것을 감안할 때 국가 채무에 대한 이자 부담만 해도 매년 13조 원이나 절감이 되고 있는 셈이다.

뿐만 아니라 채권 시장이 주식, 외환과 함께 3대 금융시장으로 급성장하면서 각종 금융 부가가치를 창출하고 있다. 오로지 전철환 총재의 "안 한다면 안 하는" 소신이 일궈낸 값진 결과다. 채권 시장이 출범하기 전 외국의 전문가들은 한국에 활성화된 채권 시장이 형성될 경우 유전 10개를 개발한 것과 맞먹는 효과를 갖게 될 것이라고 지적하기도 했다. 그는 또 총선을 불과 두 달 앞둔 2000년 2월 금리 인상을 단행해 통화정책에 관한한 정치적 이해는 전혀 고려 대상이 아님을 과시했다.

재야학자 출신의 한은 총재이면서도 그는 금리 인하 시점 또한 놓치지 않았다는 평가를 받고 있다. 경기가 침체 국면으로 돌아선 2001년 7월에는 금리 인하를 관철하기 위한 '무제한 회의'를 진행해 화제를 낳기도 했다. 이 회의에서는 공무원 출신의 금융통화위원들이 격렬하게 금리 인하를 반대하는 드문 풍경을 낳기도 했지만 전 총재의 무제한 공세에 설득되고 말았다. 또 그해 9월 미국 테러 사태 직후에는 사상 최대폭인 0.5퍼센트 포인트의 금리 인하를 단행해 우리 경제에 외부 충격을 조기에 차단했다.

전철환 총재의 재임 기간 동안, 한국은행은 지불준비금이나 관리하던 구시대 중앙은행에서 금융 시장의 관리자로 화려하게 변신했고 그는 당당하게 역대 최고 총재의 명예를 누리게 됐다. 의연한 몸가짐을 잃지 않고자 노력했던 그는 2002년 4월 임기를 마치고 물러났지만 몇 달 뒤 정부의 삼고초려를 받고 공적자금관리위원장으로 돌아왔다. 정부로서는 은행 합병 등 예민하기 이를 데 없는 문제에 그가 아니면 이해 당사자를 설득해 낼 인물을 찾기 어려웠던 것이다.

몸가짐에 관한 한 전 총재는 거의 결벽증에 가까운 모습을 보였다. 한은 총재로 임명되자 그는 주저 없이 충남대 교수직을 사임했다. 학교 측에서는 소속 교수가 당국 기관장이 될 경우 학교 명예에도 도움이 된다는 점을 들어 교수직 유지를 희망했지만 그는 "한은 총재 퇴임 후 교수 정년도 얼마 남지 않는다"며 바로 퇴직했다.

총재가 된 바로 그 순간에는 두 아들을 불러 주식 투자 내역을 상세히 캐묻고는 자신의 한은 총재 퇴임 때까지 일체 사고팔지 말 것을 명령했다. 뒷날 이 두 아들은 모두 한국은행 직원 아무도 모르는 가운데 결혼식을 치렀다. 2001년에는 한은 임원진의 급여 재조정 때는 총재 연봉만 제자리에 묶어 둬 후임자인 박승현 총재가 한때 '박봉'에 시달리는 원인을 만들기도 했다.

농부의 편지에 눈물을 흘리던 재야학자이면서 홍수에 떠내려간 자신의 프라이드 자가용을 걱정하는 중앙은행 총재였던 전철환 교수가 지난 17일 밤 우리 곁을 떠났다. 무수한 가르침과 유전 10개짜리 금융시장을 남겨 놓고서.

―덧붙이는 글

 2000년부터 2003년까지 한국은행 출입 기자로 있는 동안 이 분과 참으로 많은 일들을 겪었습니다. 때로는 무모하게 대들기도 했지만 기자를 대하는 기관장이 아닌 선생님의 모습으로 대해 주던 분이셨습니다. 삼가 고인의 명복을 빕니다.

(『오마이뉴스』 장경순 기자 2004. 6. 19)

국민훈장 추서 보도

1. 故 전철환 씨에 국민훈장 추서

정부는 지난 17일 숙환으로 별세한 전철환 전 한국은행 총재에게 국가경제와 금융산업 발전에 이바지한 공로를 기려 국민훈장 무궁화장(1등급)을 추서하기로 했다고 20일 밝혔다.

(『조선일보』 2004. 6. 20)

2. 故 전철환 前 한은 총재 국민훈장 무궁화장추서

정부는 지난 17일 숙환으로 별세한 전철환 전 한국은행 총재에게 국가경제와 금융산업 발전에 이바지한 공로를 기려 국민훈장 무궁화장(1등급)을 추서하기로 했다고 19일 밝혔다.

(『서울경제신문』 2004. 6. 20)

3. 故 전철환 前총재에 무궁화장

정부는 지난 17일 지병으로 별세한 전철환 전 한국은행 총재에게 국가경제와 금융산업 발전에 이바지한 공로를 기려 국민훈장 무궁화장(1등급)을 추서하기로 했다.

정부는 고 전철환 전 총재가 4년간 한국은행 총재로 재직하면서 효율적인 통화신용정책 운용을 통해 물가안정과 국민생활 발전에 이바지했고, 2003년 1월부터 공적자금관리위원장을 맡아 공적자금 회수 및 관리업무를 성공적으로 수행한 점 등을 기리기 위한 것이라고 설명했다.

(『한국경제신문』 2004. 6. 20)

4. 故 전철환 前총재에 무궁화장 추서

정부는 지난 17일 별세한 전철환 전 한국은행 총재에게 국가경제와 금융산업

발전에 이바지한 공로를 인정, 국민훈장 무궁화장을 추서키로 했다.

정부는 고 전철환 전 총재가 4년간 한국은행 총재로 재직하면서 효율적인 통화신용정책 운용을 통해 물가안정과 국민생활 발전에 이바지했고 2003년 1월부터 공적자금관리위원장을 맡아 공적자금 회수 및 관리업무를 성공적으로 수행한 점 등을 기리기 위한 것이라고 설명했다.

(『머니투데이』 2004. 6. 20)

5. 故 전철환 前 한은 총재 ··· 정부, 무궁화장 추서

정부는 지난 17일 숙환으로 별세한 전철환(사진) 전 한국은행 총재에게 국가경제와 금융산업 발전에 이바지한 공로를 기려 국민훈장 무궁화장(1등급)을 추서하기로 했다고 19일 밝혔다.

(『세계일보』 2004. 6. 20)

6. 故 전철환 前총재 무궁화장 추서

정부는 지난 17일 별세한 전철환 전 한국은행 총재에게 국가경제와 금융산업 발전에 이바지한 공로를 기려 국민훈장 무궁화장(1등급)을 추서하기로 했다고 19일 밝혔다.

(『매일경제신문』 2004. 6. 20)

7. 故 전철환 씨에 무궁화장 추서

정부는 고 전철환 前 한국은행 총재에게 국가경제와 금융산업 발전에 이바지한 공로를 기려 국민훈장 무궁화장(1등급)을 추서하기로 했다.

(『경향신문』 2004. 6. 21)

經濟學原論

전철환 지음/크라운판/양장 754쪽/책값 28,000원

한국은행장을 지낸 전철환 교수가 기존의 경제학원론서의 한계점을 개선시켜 주류경제학을 체계적이고 쉽게 이해하도록 한 경제학원론서. 경제학이론들을 우리나라 현실 경제상황과 각종 통계를 예로 들어 설명하고, 각 학파간의 이론적 차이점과 그 현실적합성 여부를 현실상황에 비추어 구분·설명함으로써, 독자들이 현실과 연관해 경제학이론들을 쉽게 파악할 수 있게 한 것이 특징이다.

솔뫼 경제평론모음

한국경제 성장과 위기의 순환

전철환 지음/신국판/양장 458쪽/책값 25,000원

자본주의체제는 본질적으로 성장과 위기를 순환할 수밖에 없고, 이 과정에서 역동성 있는 경제는 상시적으로 구조조정을 반복하여 고통을 최소화하고 성장세를 가속시킬 수 있는 역량을 키워간다는 관점에서 우리 근대 경제사를 조망하면서, 우리가 그동안 겪은 성장과 위기가 무엇 때문이었는지를 밝힌다. 그리고 그것을 바탕으로 앞으로 닥쳐올 위기를 어떻게 돌파해야 할지 구체적으로 모색했다.

솔뫼 경제논문모음

경제민주화와 위기의 대응철학

전철환 지음/신국판/양장 256쪽/책값 13,000원

한국은행 총재를 지낸 바 있는 저자가, 경제민주화를 이루고 경제위기를 헤쳐나가는 데 필요한 경제철학을 제시하려 한 책. 사회체계 전체가 발전적이기 위해서는 정치민주화를 밑받침하는 경제민주화가 필수적임을 저자는 강조하면서 경제민주화를 위해서는 반사회적이고 경제적 비효율을 유발하는 정경유착을 근절해야 한다고 주장하고 있다.

솔뫼 경제수상모음

경제학자를 울린 농부의 편지

전철환 지음/신국판/양장 276쪽/책값 10,000원

저자가 1980년대 후반에서 1990년대 초에 걸쳐 사회경제 전반의 문제를 고민하고 반추하며 쓴 글을 모은 책. 우리 사회경제가 안고 있던 잘못된 풍조를 비판하는 글에서부터 개방화·세계화와 사회주의 붕괴에 직면하여 우리 경제가 어떻게 대처해야 하며 우리 경제 정책이 나아가야 할 방향과 대학은 어떻게 변해야 하는지에 대해 저자의 생각을 밝힌 글들로 이루어져 있다.

한국 은행산업의 진로

전철환 · 함정호 외 지음/신국판/양장 286쪽/책값 20,000원

　이 책은 주요 선진국의 은행산업에 대한 제도적 차이와 금융행태 및 그에 따른 성과 등을 비교 분석하는 산업조직론적 접근방법을 취하고 있다. 은행산업의 구조개혁을 담당하는 정책당국 실무자들뿐만 아니라 금융계, 학계 연구기관 등 금융산업 발전을 위해 일하는 사람들에게 현실에 맞는 은행발전안을 제시한 금융구조 개혁을 위한 지침서가 될 것이다.

현대중소기업경제론

이경의 지음/크라운판/양장 664쪽/책값 30,000원

　한국 경제학계에서 중소기업문제를 평생을 두고 연구해온 저자가 〈중소기업의 이론과 정책〉에 이어 후기 자본주의사회의 산업구조가 중화학공업 중심에서 지식 · 정보 집약적인 새로운 중소기업, 즉 벤처 · 비즈니스의 형성으로 나아가는 경제현상과 그 구조를 분석적으로 해석하여 중소기업문제를 경제학적으로 체계화한 이론서이다.

금융환경 변화와 통화정책

함정호 외 지음/신국판/반양장 732쪽/책값 27,000원

　한국은행 조사국에서 일하며 통화정책을 연구해 왔던 전문가들이 지은 이 책은 세계적인 금융 자유화 · 국제화, 정보통신기술의 발달에 따른 국내외 금융환경의 급속한 변화가 통화정책의 역할과 전통적 파급경로에 어떤 변화를 주고 있는지를 분석한 경제이론서이다. 통화정책 운용에 새로운 도전과 과제를 던져주고 있는 세계 금융환경의 변화 속에서 통화정책의 신뢰성을 확보하기 위해서는 통화정책의 목표, 운용전략, 운용결과와 절차들이 일반국민에게 투명하게 알려져야 한다는 주장을 실은 책이다.

선진국 진입을 위한
한국경제의 새로운 성장전략

함정호 외 지음 / 신국판 / 양장 / 500쪽 / 책값 25,000원

　이 책은 1인당 국민소득 2만 달러 시대를 바라보는 우리 경제가 성장모형과 성장전략을 혁신과 효율 위주로 과감히 전환해야 함을 말하고 있다. 과거와 달라진 성장환경 속에서 과거의 기술모방이나 양적 확대 중심에서 자체 기술개발을 중시하는 혁신주도형이 되어야 한다는 것이다. 나아가 성장잠재력 확충을 위한 구체적 방안을 내놓고 있다. 또한 이를 담당할 고급인력을 체계적으로 양성하고 활용하기 위한 국가적 시스템과 사회적 역량이 필요함을 강조하고 있다.